カンタンなのにちょこっとキレイなピアノ伴奏譜

保育のうた155

はじめに

最近はどこに行ってもうたがあふれ返っています。
そのためか「うたは聞くもの。歌うのは恥ずかしい」と思っている人も多いのですが、
世界中どこだって、もともとうたは人々の生活の中から生まれた気持ちの表れなのです。
子どもたちに情緒豊かに歌ってほしい。
だから子どもたちに「じょうずさ」を求めないで、
まずは「歌うのって楽しい」と思えるようになってもらいたいのです。

この本は「カンタンなのにちょこっとキレイ」をコンセプトに作られています。
子どもの音感は２～５歳ごろに学習を始めて、５～８歳に調性を習得します。
ですから、多感な幼児期にこそ「ちょっとキレイな音」を聞いてほしいという気持ちを込めて、
だれでも知っている曲にも「プチデコ」的な感じのオシャレコードが入る編曲にしました。

しかし、曲のラインナップはあえて唱歌や童謡を多めにしてあります。
国際化といわれている現在だからこそ、日本文化を知っていてほしい、
それを海外に伝えてほしいのです。
日本ならではの感性・心情。それらが込められているうたを覚えて、
心豊かな子どもに育っていってほしいという願いを込めて本書を作りました。

保育のうた155 CONTENTS

PART 1 園生活のうた

PART 2 季節・行事のうた

春

夏

秋

冬

たきび … 110
北風小僧の寒太郎 … 111
あわてん坊のサンタクロース … 113
ジングルベル … 114
赤鼻のトナカイ … 116
サンタは今ごろ … 118
お正月 … 120
たこの歌 … 121
もちつき … 122
雪 … 123
雪のこぼうず … 124
ゆきのペンキやさん … 125
ペンギンちゃん … 126
ゆきダルマのチャチャチャ … 127
ゆげのあさ … 128
こんこんクシャンのうた … 129
おにのパンツ … 130
豆まき … 134
うれしいひなまつり … 135
つぼみ … 136
春がきたんだ … 137

誕生会のうた

拍手をプレゼント … 140
ハッピー・フレンズ … 142
ハッピー・バースデー・トゥ・ユー … 144

発表会・卒園式のうた

宇宙船のうた … 146
わらいごえっていいな … 148
世界中のこどもたちが … 150
ケンカのあとは … 152
にじのむこうに … 154
笑顔がかさなれば … 157
ポカポカおひさまありがとう … 160
にじ … 162
こころのねっこ … 164
地球はみんなのものなんだ … 167
友だちはいいもんだ … 170
ありがとうの花 … 172
ドキドキドン！ 一年生 … 174
一年生になったら …176
ありがとう・さようなら …177
切手のないおくりもの …178
思い出のアルバム …180
さよならぼくたちのほいくえん …182
よろこびのうた …184
BELIEVE … 188

PART 3 定番・人気のうた

かわいいかくれんぼ … 192
おはなしゆびさん … 193
おうま … 194
ゆりかごのうた … 195
ぞうさん … 196
パンダうさぎコアラ … 197
犬のおまわりさん … 198
げんこつやまのたぬきさん … 200
コブタヌキツネコ … 201
むすんでひらいて … 202
幸せなら手をたたこう … 203
ロンドン橋落ちる … 204
大きな栗の木の下で … 205
メリーさんのひつじ … 206
やぎさんゆうびん … 207
もりのくまさん … 208
すうじの歌 … 209
ゆかいな牧場 … 210
はたらくくるま … 212
アルプス一万尺 … 214
どんな色がすき … 216
ふしぎなポケット … 218
そうだったらいいのにな … 219
ホ！ホ！ホ！ … 220
クラリネットこわしちゃった … 222
うたえバンバン … 224
ドロップスのうた … 226
手のひらを太陽に … 228
まほうのおまじない … 230
にんげんっていいな … 232
たのしいね … 235
アルゴリズム体操 … 236
勇気100% … 238
となりのトトロ … 242
小さな世界 … 246

おまけ 劇あそびでも使える！ BGM&効果音

和風·洋風BGM … 248
明るい·元気·悲しいBGM … 249
動きのBGM … 250
効果音 … 252

五十音順さくいん … 254
ジャンル別さくいん … 256

保育の中で、もっと「うた」を楽しく歌いましょう！

保育者がリラックス!!

いきなりきれいな伴奏を弾かなければ…と緊張しないで。
あなたがアカペラ（伴奏なし）で歌える好きなうたを子どもたちといっしょに歌うところからでよいのです。
あなたが好きなうたなら、しぜんに歌えますね。
メロディ（主旋律）を右手で弾ける…まずはそこからでOK！
歌うときもメロディを大切に。伴奏は後付けでもよいと思っていいのです。

歌唱指導のコツ 1　何から始めれば…？

まず、保育者自身が歌詞を理解する

うたとは「歌詞」を「音に乗せて」「だれかに届ける」行為です。ですから、まずは歌詞を理解するところから始めましょう。童謡や唱歌には、最近使わなくなったり、なじみの薄くなったりした言葉も多くありますね。自分の中でもなんとなくノリで覚えていて、よく考えるとイマイチ意味がわかってない言葉やフレーズはありませんか？　そういう言葉をしっかりと事前に調べて、子どもに説明できるようにしましょう。

▼

子どもが歌詞とその曲のストーリーを理解

新しい曲を教えるときに、いきなり歌い始めないで、まずは歌詞の意味を伝えましょう。子どもは記憶力がよいので、一度間違えて覚えてしまうと訂正が難しくなります。大人にはわかって当然の言葉でも、子どもにはわからない言葉はたくさんあります。単語レベルで区切って、どういう意味かな？　と質問しながらでもいいので、じっくりと時間をかけて歌詞の意味を伝えると、あとあと指導が楽になります。

▼

さあ歌おう！メロディだけでOK

最初に書いた「音に乗せて」をこれから始めてみましょう。いざ、歌い始めるときも、いきなり伴奏を付けてしまうと、子どもはどこを聞いたらいいのかわからないので、結局保育者の声をまねするだけでよくわかってない…なんてことになってしまいます。まずはメロディだけを何回も弾きながら歌って、子どもに「先生の声とピアノの音がいっしょだな」と理解できるようにすると、音程もしっかりと取れるようになりますよ。

歌唱指導のコツ 2 どならないで歌うには…？

ふつうに話す声の大きさで

元気よく歌うのはよいことですが、「どなってばかりでぜんぜん音程がとれていない」なんてことがよくありますよね。子どものの筋肉はまだ未発達なので、細かいボリューム調整と音程をしっかりとるのを同時にやるのは難しいです。まずはふつうに話す声の大きさでみんなが歌えるようになりましょう。自信を持って歌えるようになれば、しぜんと声はちょうどよい大きさになります。

保育者の声が大きすぎませんか？

弾き歌いのときに、ピアノもしっかり弾かなくちゃ、声もみんなに聞こえるようにしなくちゃ、といろいろ焦って気がつくと保育者自身が大声でどなっているパターンもあります。それでは子どもだってまねします。まずは保育者がふつうの大きさで歌ってあげれば、子どもはそれをしぜんと受け入れられますよ。伴奏に慣れなくて緊張してしまう保育者は無理して伴奏を弾かなくてもいいのです。最初は右手でメロディだけ弾きましょう。電子ピアノの人はボリュームを下げるだけなのでカンタンですよね。

少人数グループで歌ってみよう

子どもは保育者に聞いてもらいたい。褒めてもらいたいのです。最初に書いた「だれかに届ける」も、園では保育者に届けたくて歌っているのかもしれませんね。どうしても声が大きくなってしまう場合は、子どもを３〜５人くらいに分けてグループ別にしてみましょう。ふつうの声の大きさでも、保育者がちゃんと聞いてくれるとわかれば、子どもたちもふつうの声の大きさで歌えるようになります。

子どもたちのうたをあれこれ指導するのではなく、しぜんに歌っている子どもたちを「うんうん、それでいいんだよ」と褒めましょう。それが、子どもがうたを好きになるポイントです。

本書の「カンタンなのにちょこっとキレイ」な楽譜、少しがんばって弾けるようになりましょう!

「笑顔で弾く」のは“最終”の目標に

だれでも初めからじょうずに弾き歌いができるわけではありません。よく笑顔で子どもたちの表情を見ながら、といいますが、それはよほどの上級者にならないと無理な注文です。だれだって慣れなければ表情はこわばり、眉間にしわを寄せながら弾くものです。たくさん弾いて、自信がついてくればしぜんと表情も柔らかくなって、子どもたちを見る余裕が出てきます。ですから「笑顔で子どもたちを見ながら」は最後の結果であって、最初の目標にするべきではないと思いますよ。このページに書いてあることに気をつけながら、がんばりましょう!

演奏マスターのコツ 1

指使いを守りましょう

楽譜に書いてある指番号は基本的に「このとおりにしないと後で詰まる」という場所に書いてあるので、守るようにしましょう。
なお、本書の運指番号は「1オクターブがギリギリ届かない」くらいの手の大きさで考えてあります。特に手の小さい人は気をつけてください。

演奏マスターのコツ 2

メロディは絶対に止めない

弾き歌いの鉄則です。メロディが止まった瞬間に子どもたちはどうしたらいいのか困ってしまいます。本書が伴奏譜ではない理由もそれです。とりあえず右手（メロディ）だけでも続いていればうたは続けられます。どうしても左手が止まると右手もつられて止まってしまう人は、左手は自信が持てるまで割り切って弾かないのもアリです。

演奏マスターのコツ 3

無理には弾かない

本書では指が届かない人のために（　）で書かれている音符があります。ほとんどの場合はオクターブの音符に書いてあるので、届かない人は無理をして弾く必要はありません。

演奏マスターのコツ 4

右手は大きく・左手を小さく

本書では右手１音・左手２音というパターンが多いのですが、同じ強さで弾いた場合、低音のほうが高音よりも目だちます。右手７：左手３くらいの感覚で弾いても、実際に耳で聞こえる大きさは「左手が少し小さいかな？」くらいなものです。本書に限らず、ほとんどの曲は「右手は大きく、左手は小さく」という前提で書かれているので、ふだんから右手と左手のパワーバランスを意識しましょう。でも、もちろん左手の力を抜くなんて「余裕があるからできること」なので、日々の練習の結果でしかありません。最初から無理をしなくてもいいのです。

演奏マスターのコツ 5

テンポはまず、自分がしっかり弾けるところから

本書ではテンポの表示をあえて消してあります。無理に原曲どおりのテンポで演奏する人はありません。まずは自分がしっかりと弾けるテンポで。次に子どもたちが歌えるテンポにしましょう。練習の段階では子どもたちにあえてゆっくり歌わせて、歌詞を、音をかみしめられるテンポで演奏しましょう。子どもたちが慣れてから少しずつ速くしていきましょう。そのころにはあなたも慣れて速く弾けるようになっているはずです。

プロローグ 3／コード編　コードはヒント集と考えましょう！

コードは「ズルテク」！

コードが苦手、難しい、よくわからない、種類多すぎ、という話をよく聞きますが、それはコードを「専門用語」だと思っているからです。

本来コードとは「略語」で、難しい和音を簡単になんとなくそれっぽく聞かせるためにつくられた「ズルテク」なのです。

よくコードの一覧表がありますが、あんなものは専門家だって全部覚えていませんし、読む気にもならないです。

コードが読める人は覚えてるんじゃなくて、考えているんです。

ですから、ここでは「コードがわかるヒント」をお教えいたします。

読み方のコツさえわかれば、いくらでもコードなんて弾けるようになりますよ。

1.根《こん》音《おん》

コードの頭に書いてある大文字アルファベットのことです。

ド	レ	ミ	ファ	ソ	ラ	シ	ド
C	D	E	F	G	A	B	C

コードを弾くには…　上記の根音に左手の小指を置くことから始まります。

①根音に左手の小指を置く
②メジャーかマイナーか考える
③デコレーションを考える

この３ステップで考えるようにすると、コードがわかりやすくなりますよ。

2.基本系

以下の説明はすべてCを参考にしてあります。
例えばメジャーなら鍵盤のⒸ④⑦を押さえる、ということです。

★基本コード（メジャー）

すべてのコードの基本で「根音＋4番目＋7番目」の3つの音で構成されています。Majorと書きますが、コードで書く場合は省略されてCM（シーメジャー）とは書かれません。この場合の4番目の音を第三音、7番目の音を第五音といいます。「明るいイメージ」のコードですね。

★m（マイナー）

メジャーの第三音を下げてください。これがマイナー（minor）です。minorは「小さい」という意味なので、第三音をひとつ下げると覚えましょう。Cと比べて「暗いイメージ」のコードになります。

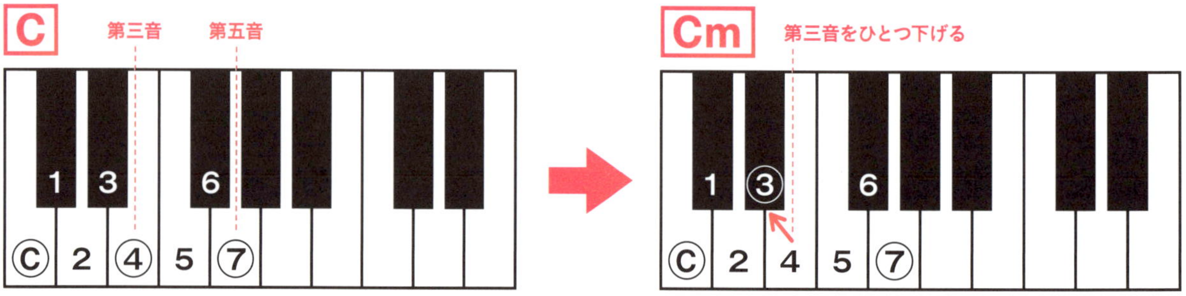

この2つのコードがすべての基本です。

3.デコレーション

あえて「デコレーション」と書きましたが、正しくは発展系です。基本以外のコードはちょっとしたオシャレでしかないのです。アクセです。やったほうがカワイイに決まってます。ここでは本書中によく出る基本テク8つをご紹介します。

★7(セブンス)

使い回し便利度No.1です。とりあえずやっておけばオシャレっぽいです。この10番目の音を第七音といいます。第七音を付け加えるので「セブンス」といいます。発展系として9とか11とかもありますが、ここでは説明しません。

C7

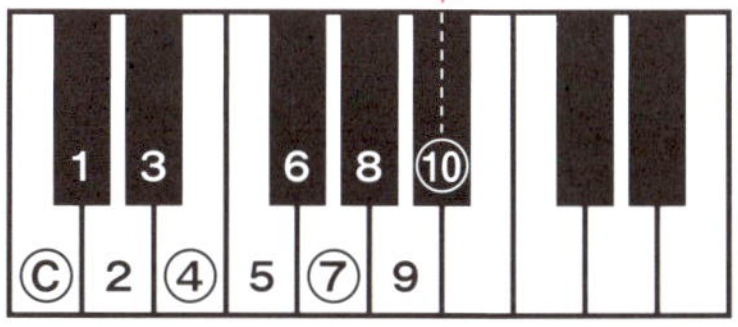

★M7(メジャーセブン)

メジャーコードにセブンスという意味ではなく、10番目の第七音を半音上げてメジャーに、という意味です。ちなみにmM7(マイナーメジャーセブン)という組み合わせもあるので違いに注意。

CM7

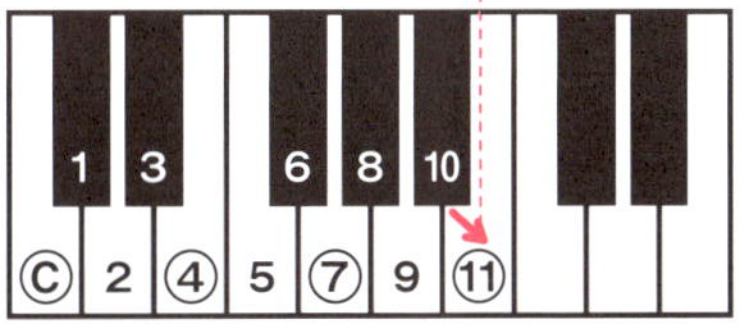

★sus4(サスフォー)

ポップスではあたりまえに使われるワンポイント。susはサスペンド(suspend)のことで、アクセサリでもサスペンダーってありますよね。第三音を半音つり上げて第四音にします。

Csus4

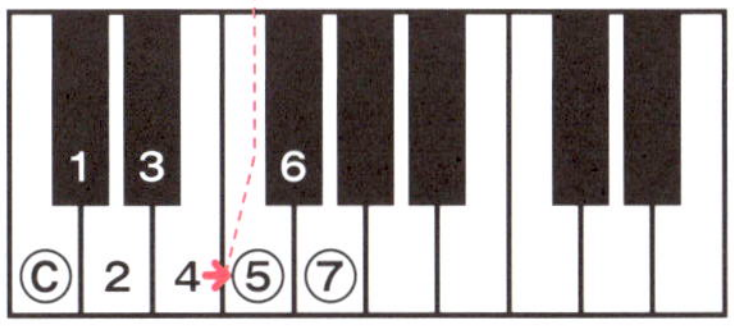

★6(シックス)

基本コードに9番目の音を付けたものです。9番目の音を第六音といい、その第六音を追加するので、シックスといいます。本書でもたまに出てきます。

C6

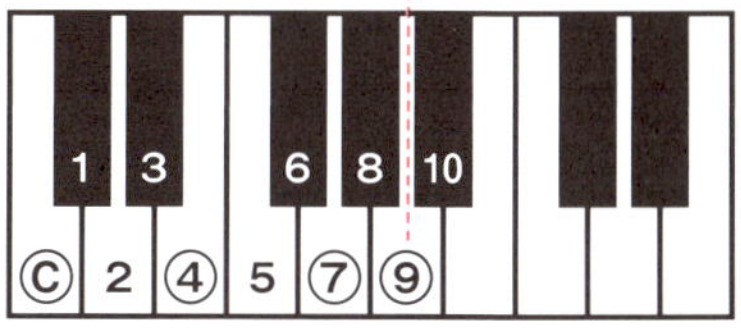

★aug(オーギュメント)

augmentは「増やす」という意味です。第五音を半音増やします。本書にもたまに出てきます。楽譜によっては「+」と表記されているものもあります。

Caug

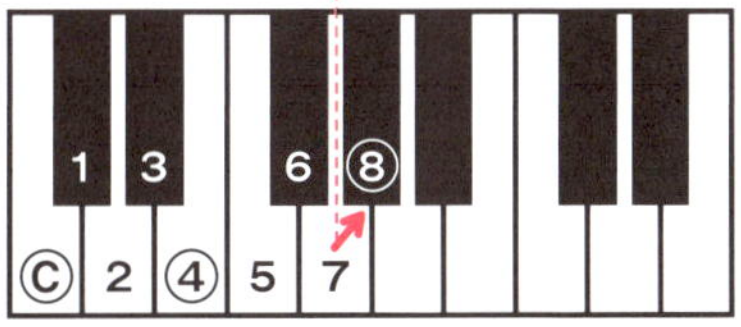

★dim(ディミニッシュ)

正式名称はdiminished seventh(ディミニッシュドセブンス)です。こっそり7も隠されているので注意。diminishは「減らす」という意味ですが、ダイエットのDだと思えば覚えやすいかな? 根音以外をすべて半音減らします。

Cdim

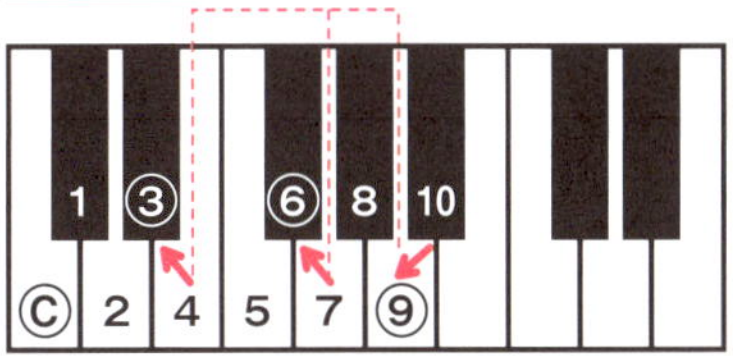

★m7♭5(マイナーセブンスフラットファイブ)

基本コードのマイナー+セブンスにさらに7番目の第五音を半音下げるという重ね技です。なんだかすごそうですが、だいたいの場合は前のコードから根音だけを半音上げたいだけのときに使っているだけなので、あまり難しく考えないでください。本によっては「−5」と書いてある場合もありますが、本書では「♭5」で統一しています。

Cm7♭5

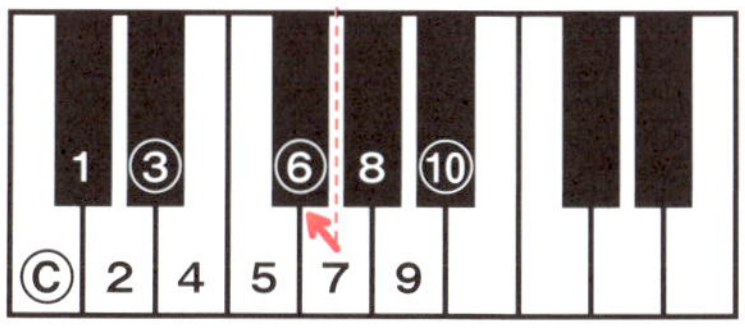

★/(オン)コード

ちょっと違うタイプのデコです。コード外の音を1音足したいときや、コードの第三音・第五音をいちばん下に持ってきたい場合に使います。F/C(エフオンシー)ならファラドのドをいちばん下に持ってきてドファラになります。E/C(イーオンシー)ならいちばん下をド。その上にふつうにE(ミソ♯シ)コードを弾きます。

E/C

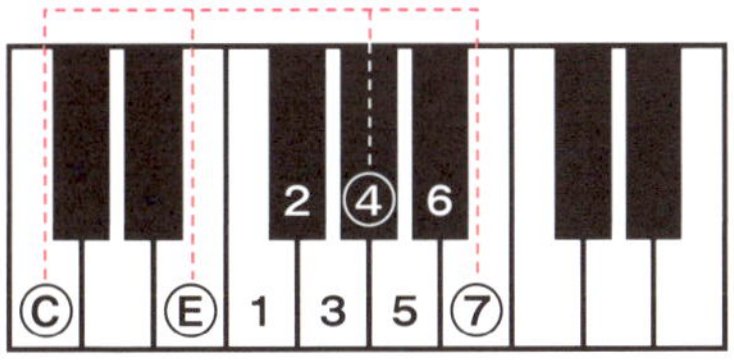

本書の特長と使い方

本書は、カンタンなのにちょこっとキレイなピアノ伴奏譜です！

特長1 保育で使える曲がたっぷり155曲

現場で働く保育者の声を反映して、保育で本当に使える曲を155曲厳選して紹介しています。毎日使える園生活のうたや季節のうた、発表会や卒園式などの行事のうたから、定番・人気のうたまでたっぷり紹介しています。

特長2 見やすさを追求！ 弾き歌いのための楽譜

実際の保育では、ピアノを弾きながら歌詞も追わなければいけません。ですので、本書の楽譜は音符も見やすく、歌詞も目に飛び込んでくるようになっています。弾き歌いにぴったりの楽譜です。

特長3 やさしい編曲で 3音以上は使いません

本書の楽譜は、一度に3音以上は使っていません。そしてメロディも弾きやすいように、同じ音の連打はできるだけ避けて簡単にしてあります。とてもやさしい編曲で弾きやすさ抜群です。

特長4 カンタンなのにちょっとおしゃれな和音が多いです

3音以上使わないのに、聴き栄えはとてもステキ！
ヒミツは、ちょっとおしゃれな和音を使っているからです。

ドレミのふりがな
すべての音符にドレミのふりがなが付いているので、音符を読むのが苦手でもすぐに弾き始められます。

指番号
本書では指番号をていねいに振っているので、どの指で弾けばいいかわからない初心者の方でも安心です。

弾き方のポイント解説
各曲にピアノの弾き方のポイント解説を掲載しています。編曲者からのアドバイスなので、本当に使える情報ばかりです。

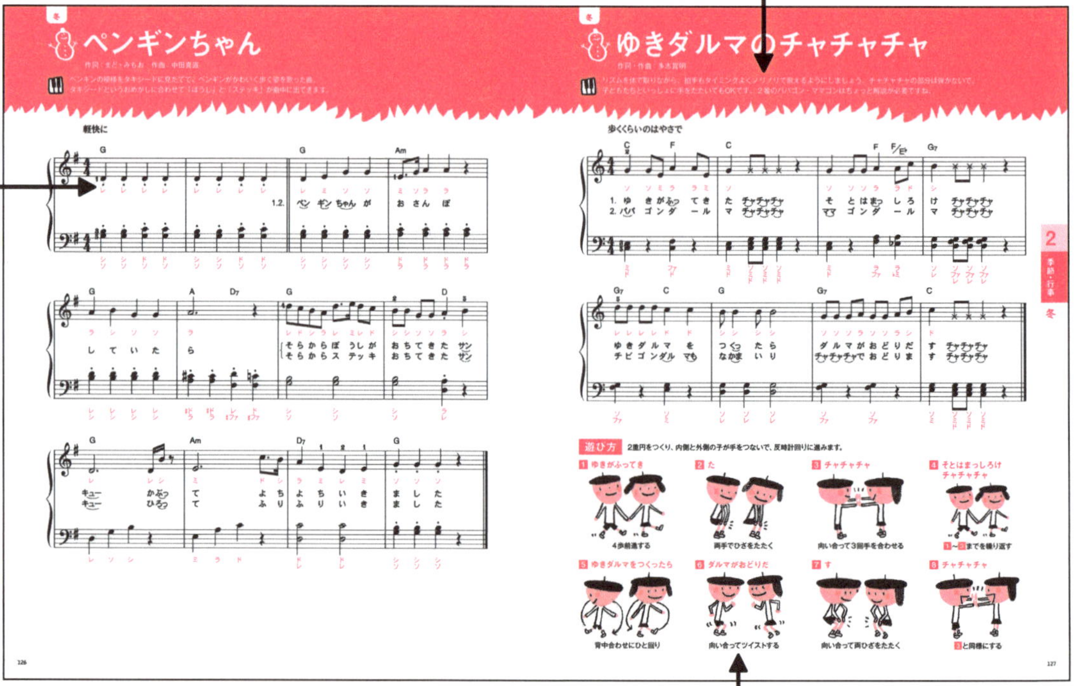

あそびのアイディア
手あそびや歌あそびがある曲は、遊び方を紹介しています。子どもたちとたくさん遊んでくださいね！

巻末に、劇あそびにも使えるBGM＆効果音も！

PART 1 園生活のうた

朝のあいさつや遊び、おかたづけのときなど、
毎日の園生活ですぐに使えるうたばかりです。

朝のうた

作詞：増子とし　作曲：本多鉄麿

毎日歌う朝のうたは明るく元気よく！　右手は11小節目の指かえを注意すれば後は難しくありません。
左手は基本的に小指をドの部分に置いておけばOKです。７小節目のＦだけ注意すれば後はカンタン。

おはようのうた

作詞・作曲：秋田かつひで

最初のうちは手をたたくところで、保育者もいっしょになって手をたたくと子どもたちもわかりやすいとは思いますが、すぐに演奏に戻れるようにふだんから慣れておくようにしましょう。

元気よく
C F G F C
（さあ今日もおはようのうたをうたうよ）
C F C C G G7
て をたた こう ー（パンパンパン） て をたた こう ー（パンパンパン）
C F G F C
い ちにの さ んで お は よう

遊び方

1 パンパンパン

3回拍手する

2 いちにのさんで

両手で1、2、3と指を出す

3 おはよう

あいさつをする

せんせいとお友だち

作詞：吉岡治　作曲：越部信義

昔からの定番ソング。左手の四分音符はスタッカートぎみに歯切れよく弾くと、さらに元気さアップ！
最後の「ギュギュギュ」は元気にはねると子どもたちもテンションアップしますよ。

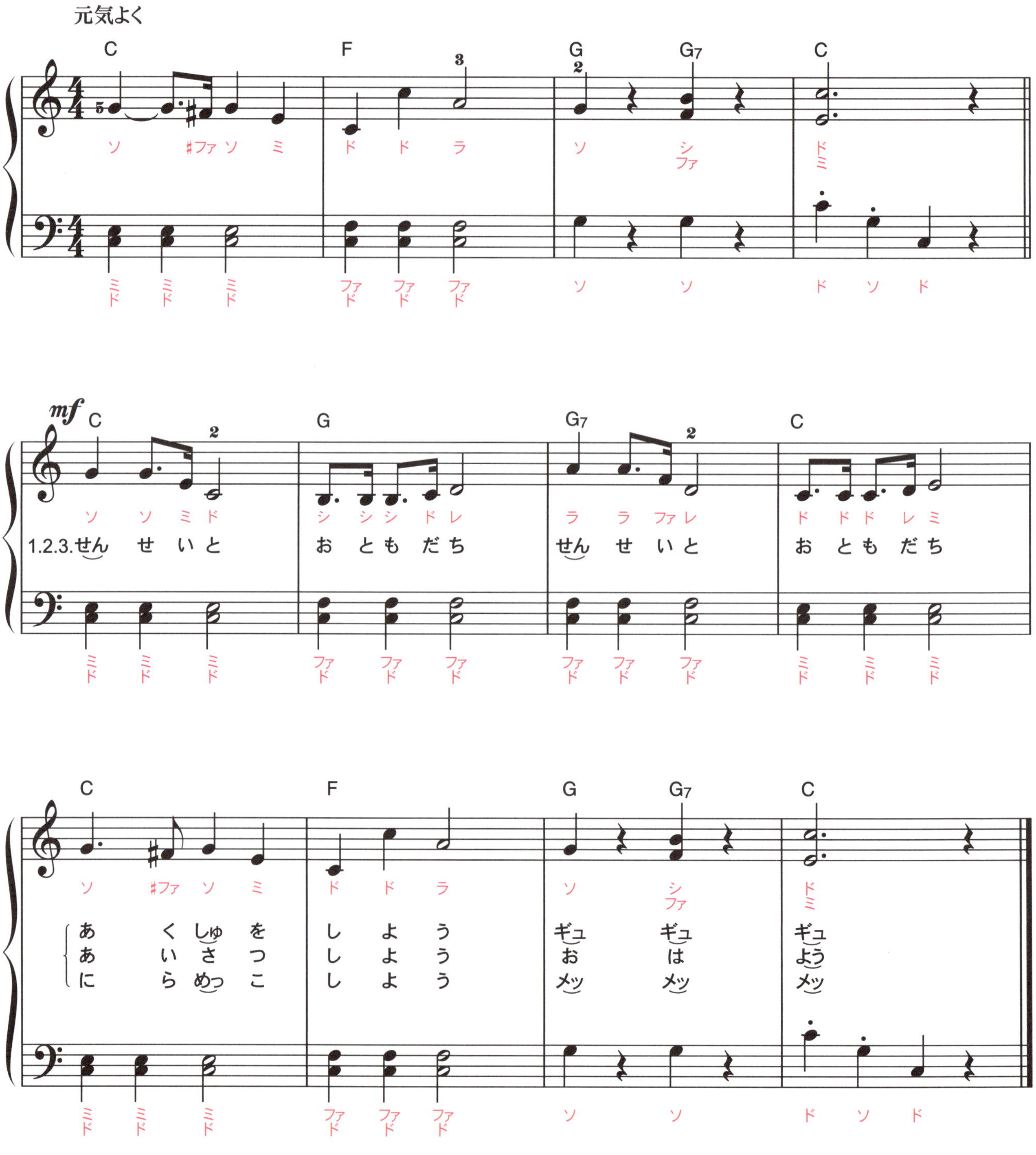

元気よく
C F G G7 C
mf
C G G7 C
1.2.3.せんせいと おともだち せんせいと おともだち
C F G G7 C
あくしゅを しよう ギュ ギュ ギュ
あいさつ しよう お は よう
にらめっこ しよう メッ メッ メッ

あくしゅでこんにちは

作詞：まど・みちお　作曲：渡辺茂

園生活の最初の時期にピッタリな遊びうた。両手ともポジション移動なしのカンタンなアレンジにしてあります。
みんなで歩き回ってこんにちは、とあいさつをして打ち解けましょう。

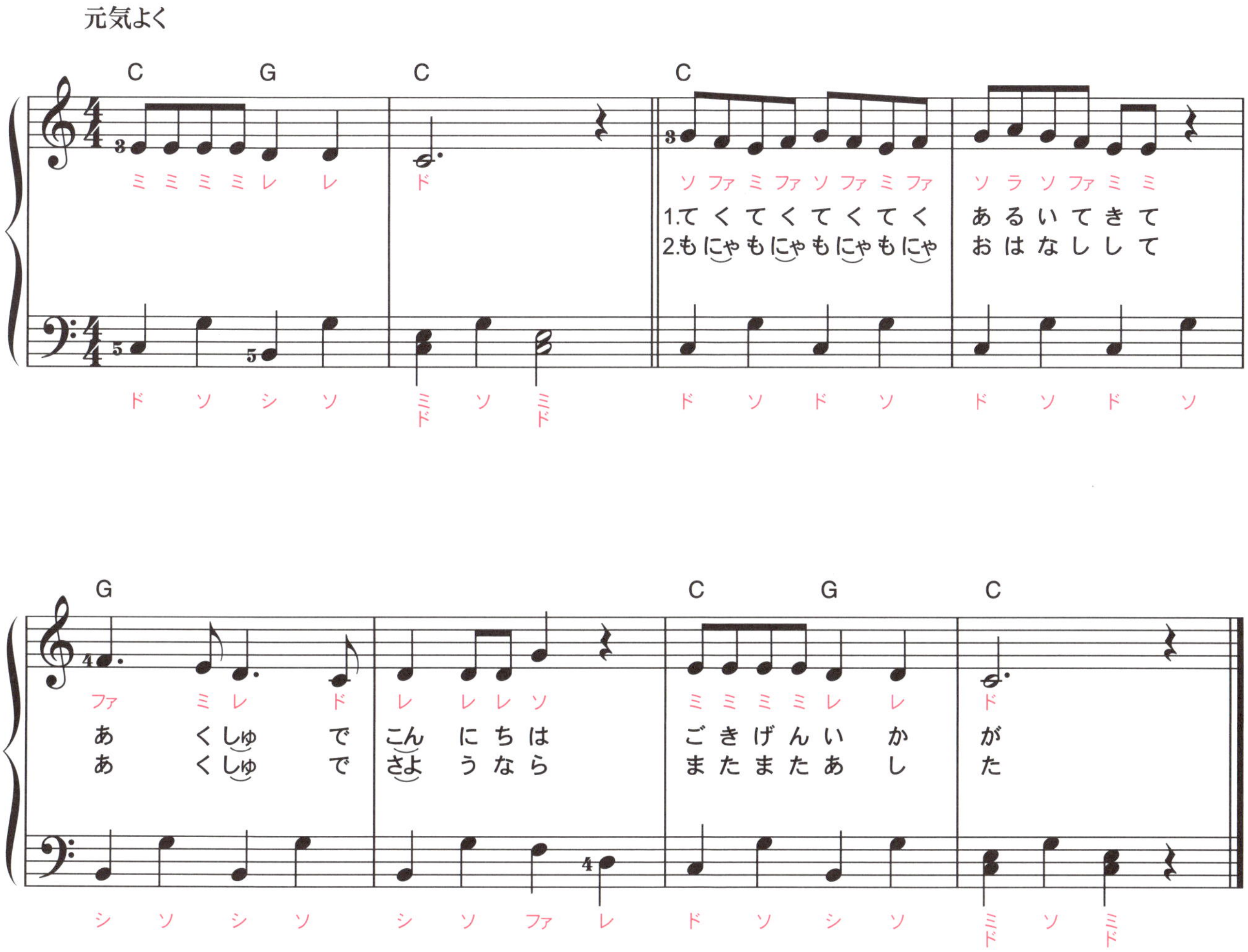
元気よく
C G C C
1.て く て く て く て く　あ る い て き て
2.も にゃ も にゃ も にゃ も にゃ　お は な し し て
G C G C
あ くしゅ で　こん に ち は　ご き げ ん い か　が
あ くしゅ で　さよ う な ら　ま た ま た あ し　た

みんななかよし

作詞・作曲：田中昭子

手をつなぐことで心の距離もずっと近くなります。実際に体を動かして遊ぶこともできますので、まずはクラスみんなで手をつないで打ち解けましょう。左手の運指を守らないと指が足りなくなるので気をつけましょう。

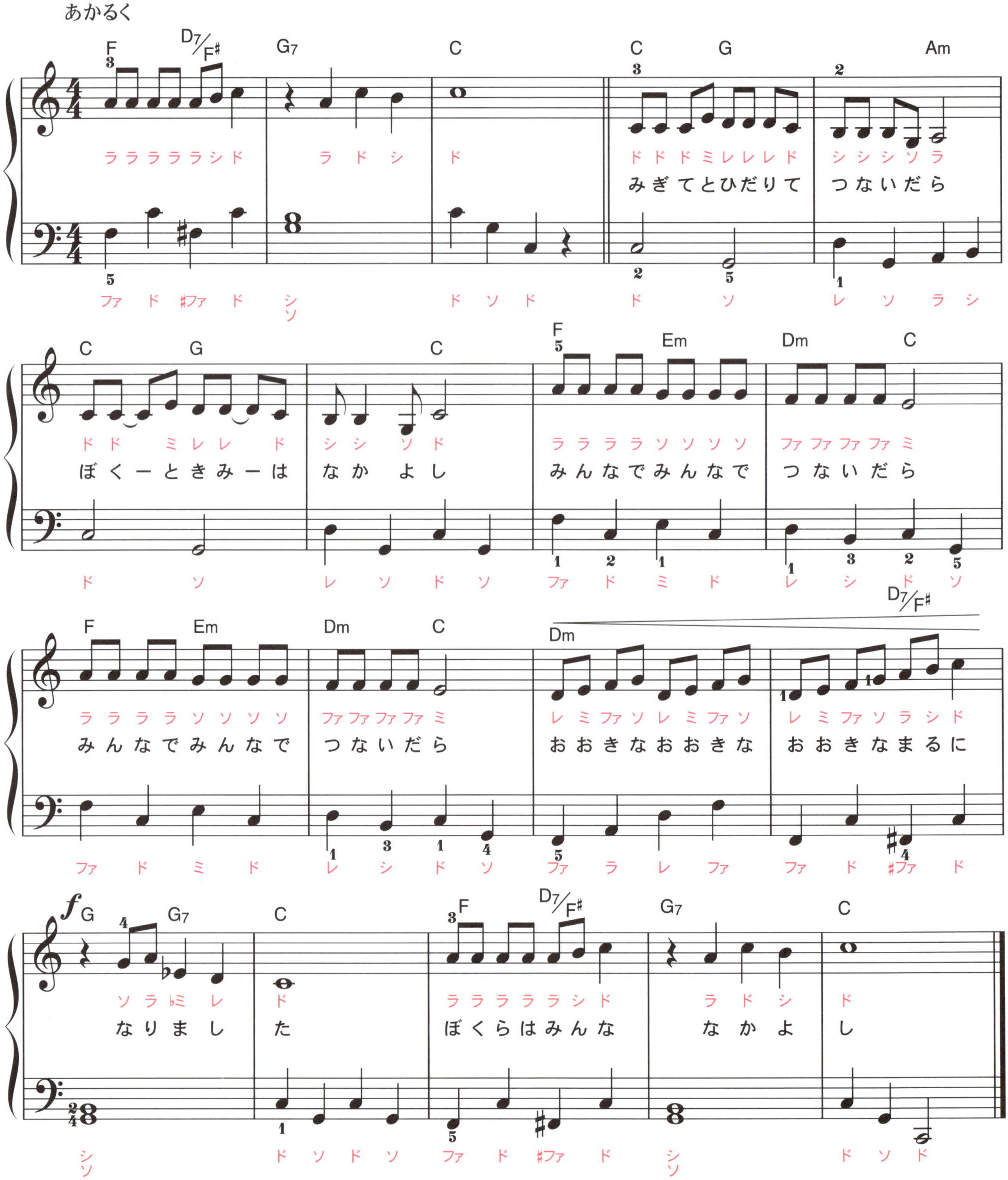

おかたづけ

作詞・作曲：不詳

日常ではイントロなしで、おかたづけが終わるまでループということも多いのでは？
力を抜いて軽快に弾けば、作業速度アップ！　右手２の指をソに、左手４の指をファに置けば、ポジション移動はまったくありません。

おててをあらいましょう

作詞・作曲：不詳

手を洗うように、ゆっくりとていねいに弾くと子どもたちも落ち着いて洗うようになりますよ。
両手ともイントロの運指を固定しておけば最後まで弾けるという超カンタン曲。

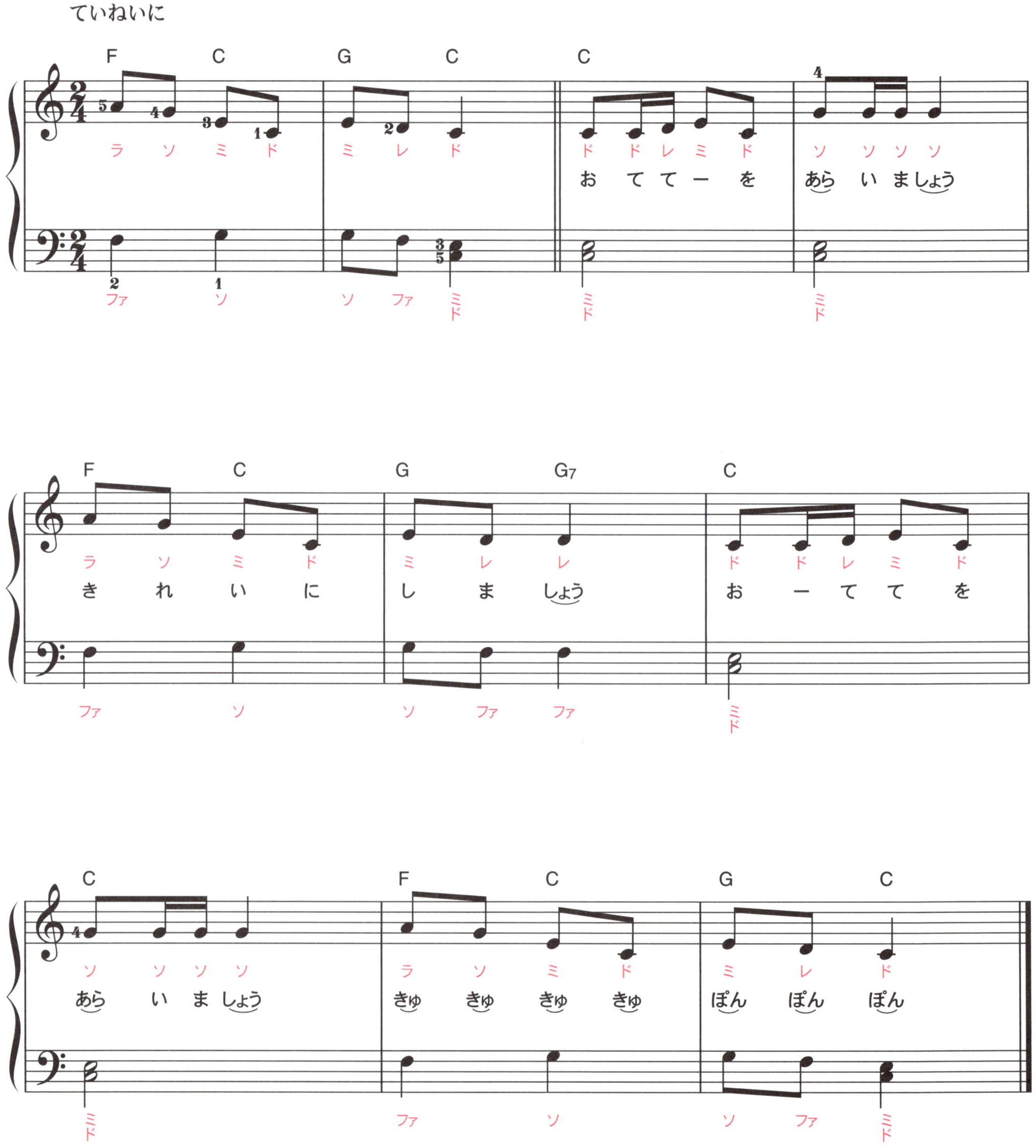

おべんとう

作詞：天野蝶　作曲：一宮道子

お弁当の前の定番ソング。がまんできなくて速く弾いちゃいそうですが、しっかりとリズムを取って落ち着いて歌うようにしましょう。歌い終わったら「いただきます！」

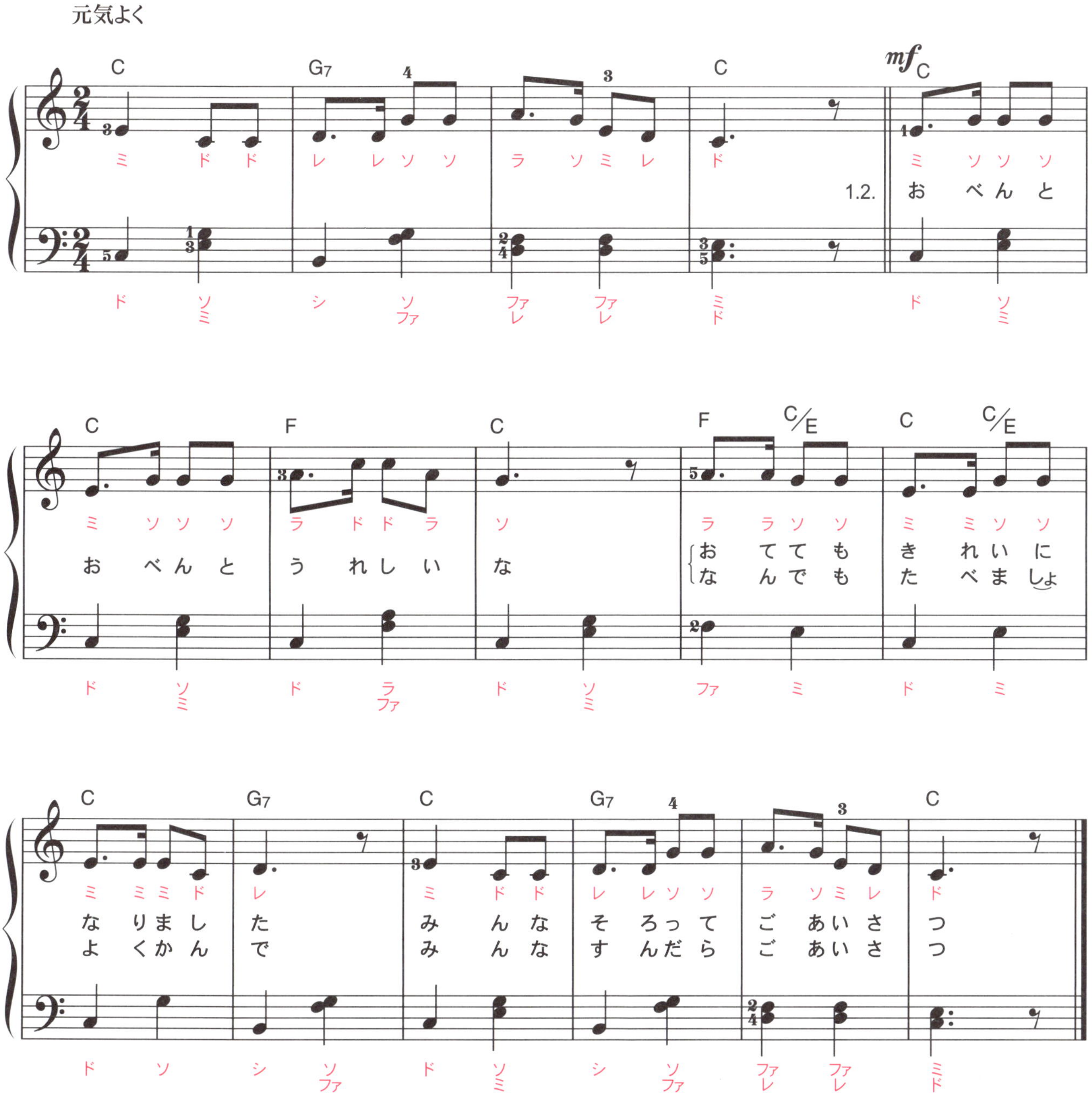

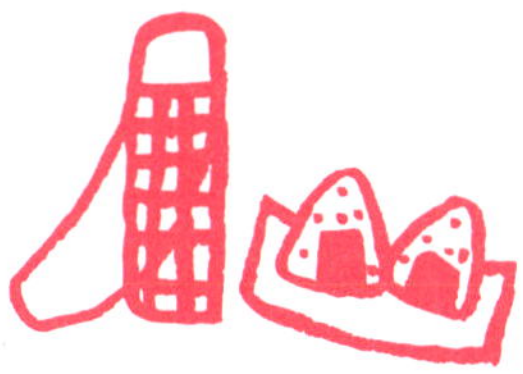

早く三時がこないかな

作詞：峯陽　作曲：ともろぎゆきお

子どもが大好きなおやつの時間を待っている気持ちがかわいい曲です。『おなかがへるうた』の３時バージョンともいえます。べったり弾くと、本当に空腹で倒れそうな歌になってしまうので、左手は常に歯切れよく弾きましょう。

テンポよく

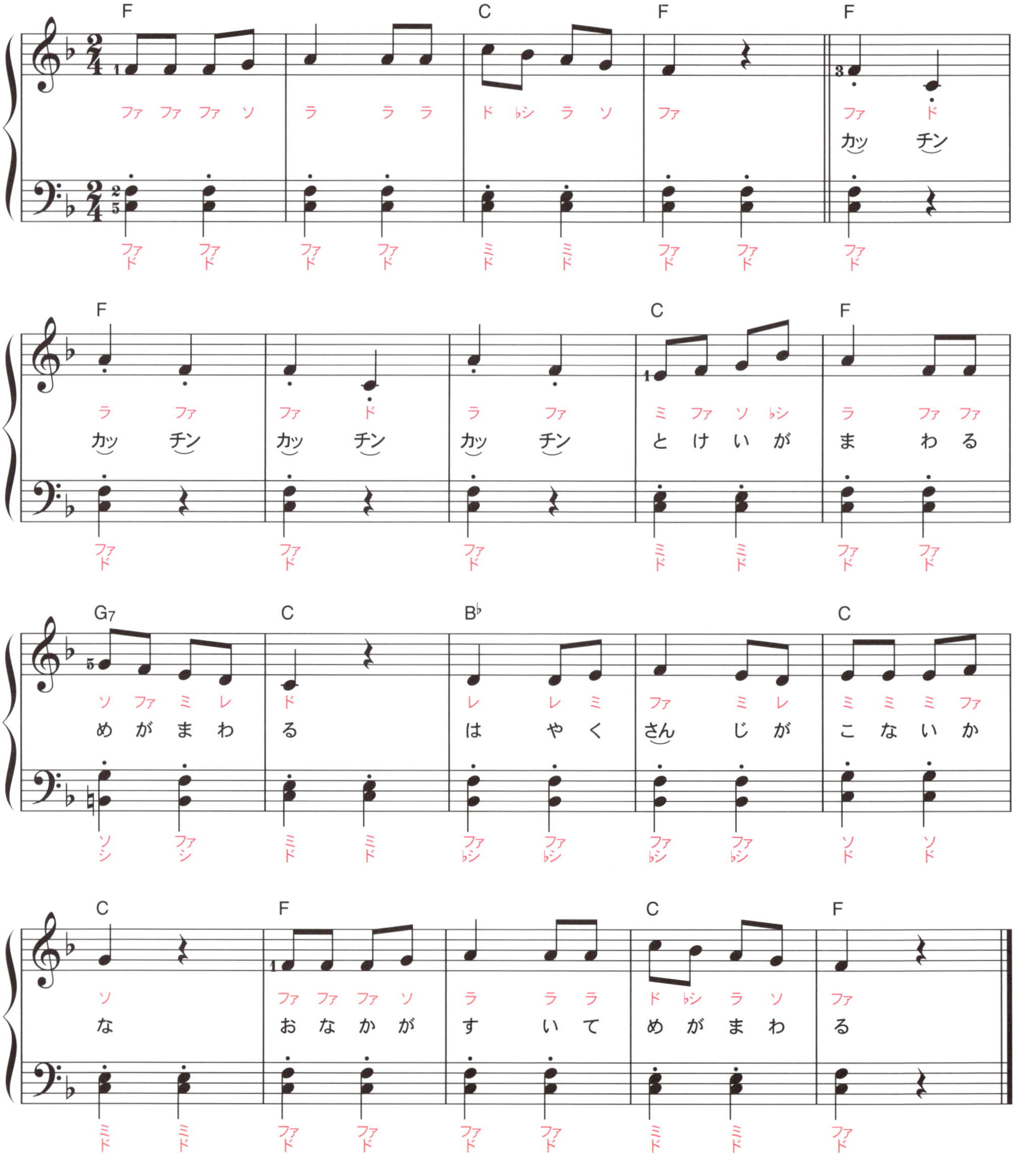

はをみがきましょう

作詞・作曲：則武昭彦

全国的に有名なはみがきの定番ソング。「しゅっしゅっしゅっ」に合わせて歯みがきのマネをして遊びましょう。
左手はポジション移動がないのでカンタン。右手は最後の指のくぐりだけ注意してください。

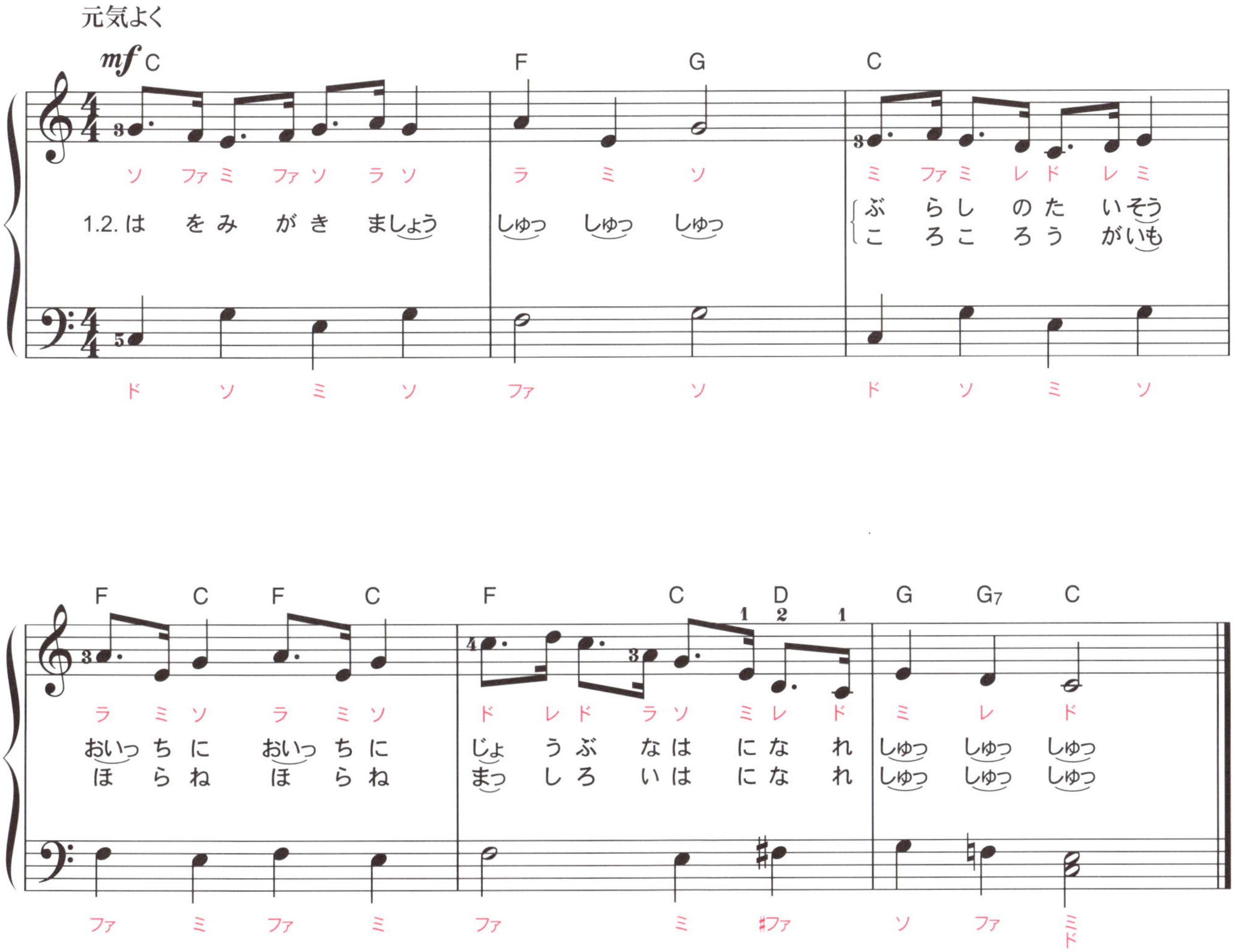

おかえりのうた

作詞：天野蝶　作曲：一宮道子

１日の終わりの歌ですが、明日も園に来たくなるような元気で明るい演奏を心がけましょう。
右手の指くぐりが多いので、忘れて指が足りなくならないように気をつけましょう。毎日弾けばすぐに慣れます。

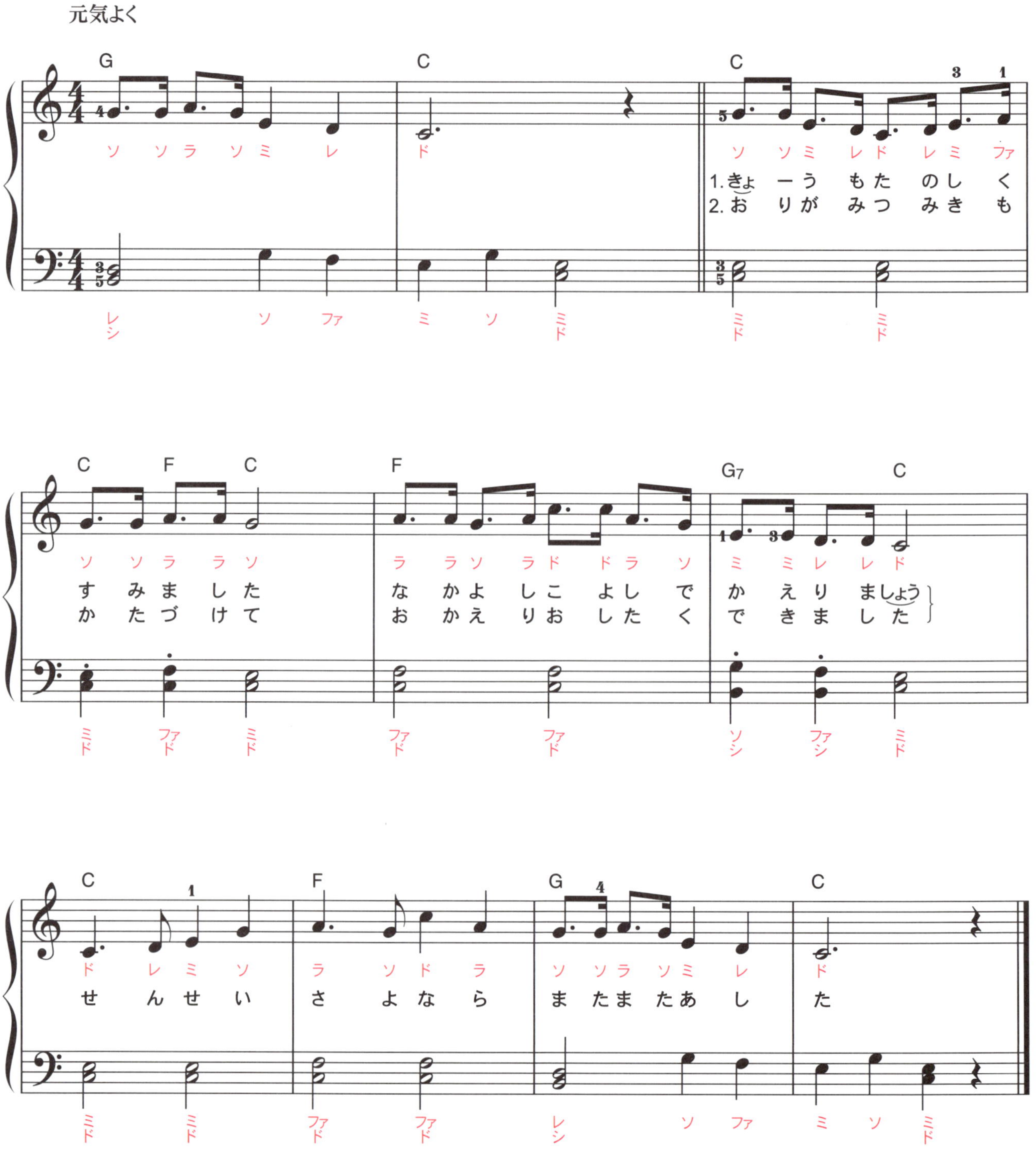

PART 2 季節・行事のうた

春夏秋冬のうた

春夏秋冬、それぞれの季節にぴったりなうたや、
行事で歌える曲をたくさん集めました。
誕生会や発表会・卒園式のうたも紹介しています。

はるですね はるですよ

作詞・作曲・振付：阿部直美

なんとも平和な動物たちのようすがまさに「春ですね～」という感じの歌です。右手の３段目の指使いを注意しましょう。
手拍子の部分の左手は子どもたちがしっかりとリズムを取れるようになったら、弾かなくてもだいじょうぶです。

遊び方

〈1番〉

1 ながいおはなの ぞうさんが

右手をゾウさんの鼻のようにして軽く振る

2 ちょうちょとおいかけっこ してました

両手でチョウチョを作って自由に動かす

3 ちょうちょはぐるぐる

2の形のまま顔の前でぐるっと回す

4 はなのうえ

手を鼻の上に

5 ぞうのはなが

両手を交差させる

6 むすばった

5のまま両手を組んで、腕の中を下から上に通す

7 はるですね（手拍子）

リーダーのみが歌い、3回手拍子

8 はるですよ（手拍子）

リーダー以外が歌い、3回手拍子

〈2番〉

1 おおきなおくちの わにさんが

両手をワニの口のようにパクパクさせる

2 ぽかぽかようきに さそわれて

両手をキラキラさせて下ろす

3 アアーンとあくび していたら

両手を握って上にあげてあくびのしぐさ

4 おくちがとじなく なっちゃった

1のポーズで少しだけ上下に動かす

5 はるですね（手拍子） はるですよ（手拍子）

1番の7・8と同じ。ただし手拍子は5回する

●慣れてきたらリーダーは 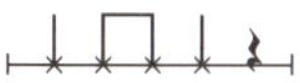 など手拍子のリズムを変えて遊びましょう。

はるがきた

作詞：髙野辰之　作曲：岡野貞一

春の暖かさをイメージしながら弾くと優しい感じになります。途中で出てくるファ♯は曲をきれいに引き締めるワンポイントなので忘れずに。左手のポジションが動かないので、落ち着いて弾きましょう。

ゆったりと

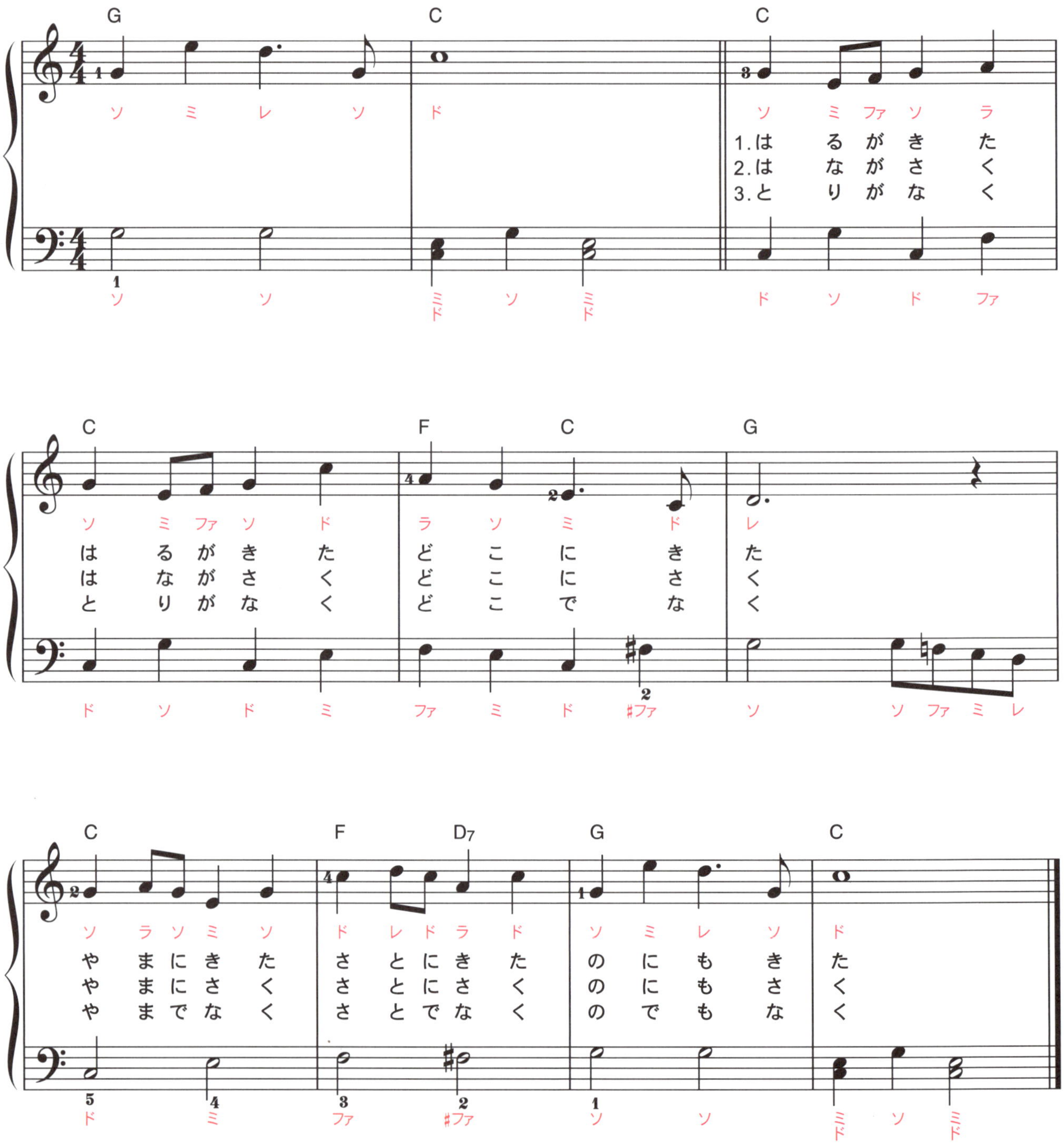

チューリップ

作詞：近藤宮子・日本教育音楽協会　作曲：井上武士

１か所を除いて、左手５の指はド、１の指はソの位置に固定しておけばすべて弾けます。その１か所は８小節の１拍目のシです。ここだけは左手５の指でシを弾かないと音が濁ってしまいます。

あかるくかわいらしく

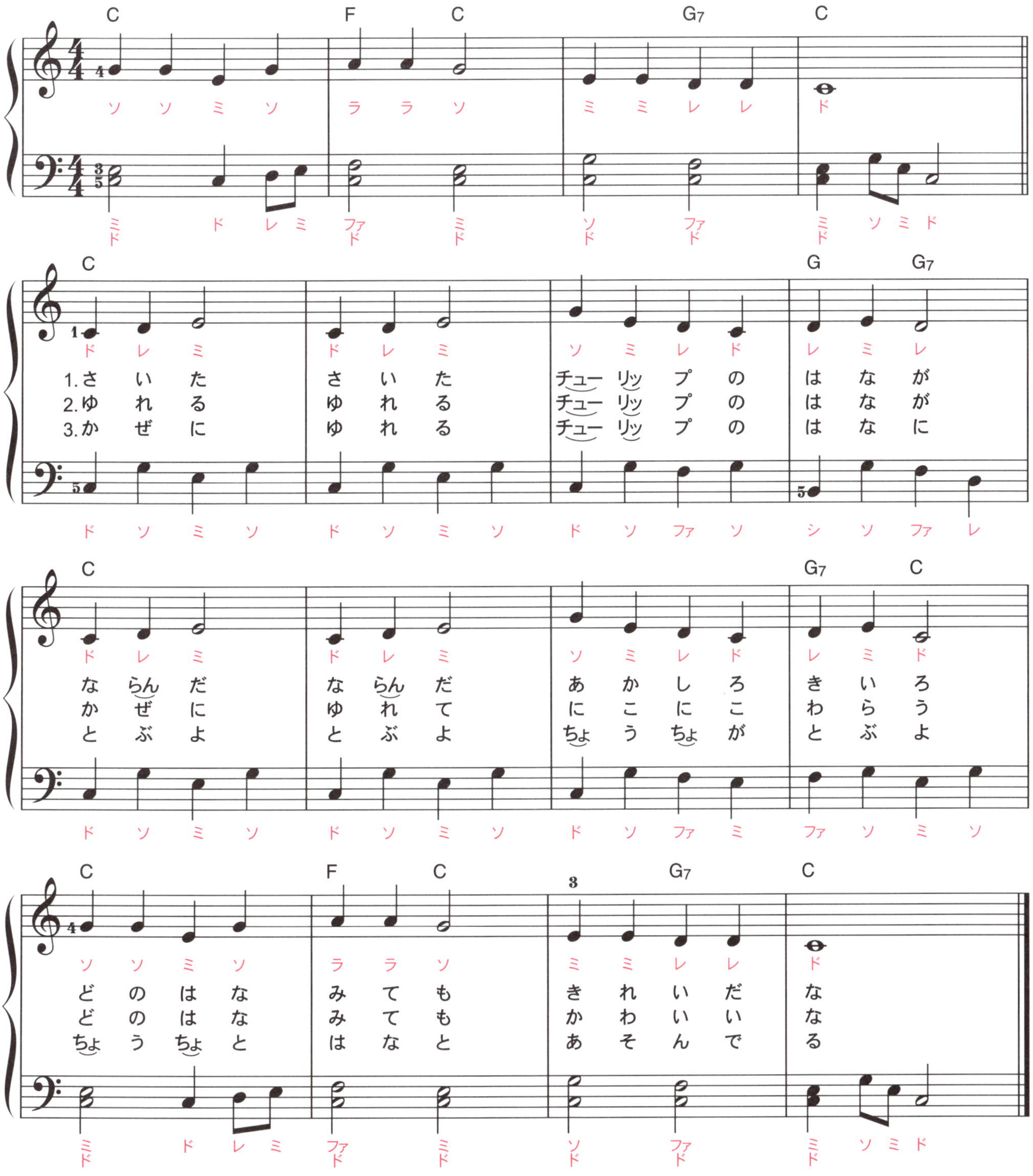

おはながわらった

作詞：保富庚午　作曲：湯山昭

とても優しい感じのする曲ですので、子どもたちも優しく歌えるようにしてあげましょう。基本的に左手３の指をファに固定して、親指を移動という感じなので覚えやすいはず。あと最後のフレーズ以外は８分音符が出ないので、右手に集中して弾けます。

ゆったりとかわいらしく

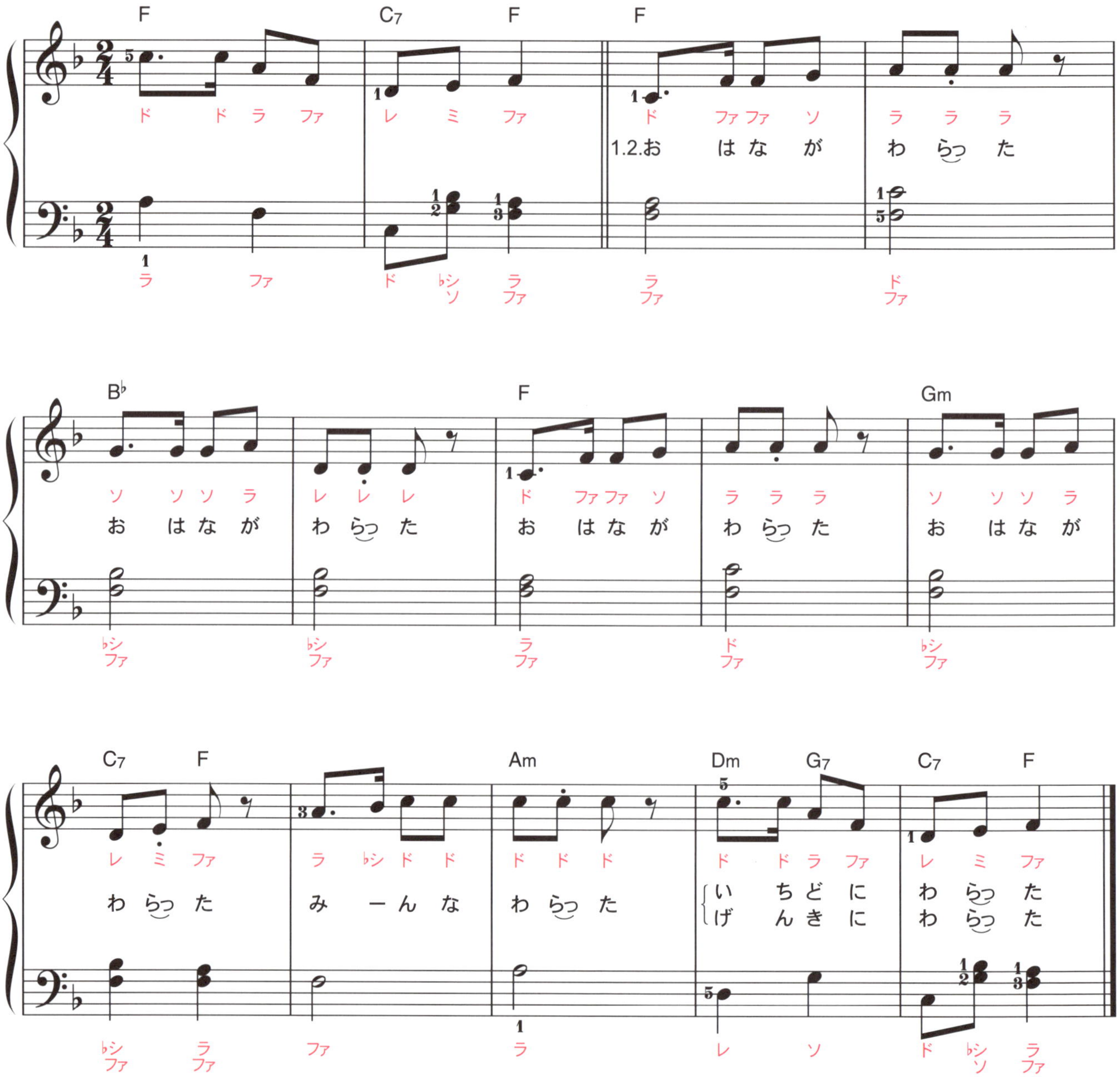
F　C7　F　F
1.2.お はな が わ らっ た
B♭　F　Gm
お はな が わ らっ た お はな が わ らっ た お はな が
C7　F　Am　Dm　G7　C7　F
わ らっ た み ーん な わ らっ た
い ち ど に わ らっ た
げ ん き に わ らっ た

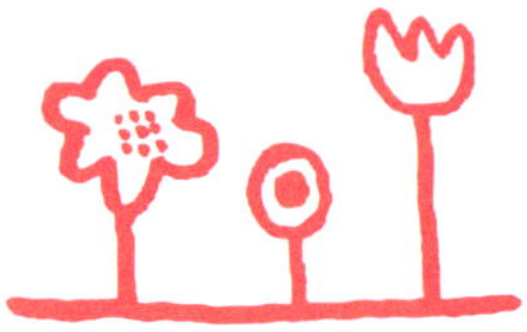

ちょうちょう

訳詞：野村秋足　スペイン民謡

童謡の代表格で子どもの好きなうた。ドからソの間の５音だけで歌える音域なので、小さい子でも十分に歌えます。左手もまったくポジションを移動しないで弾けるカンタンな曲なので、子どもたちの表情を見ながら歌えますね。

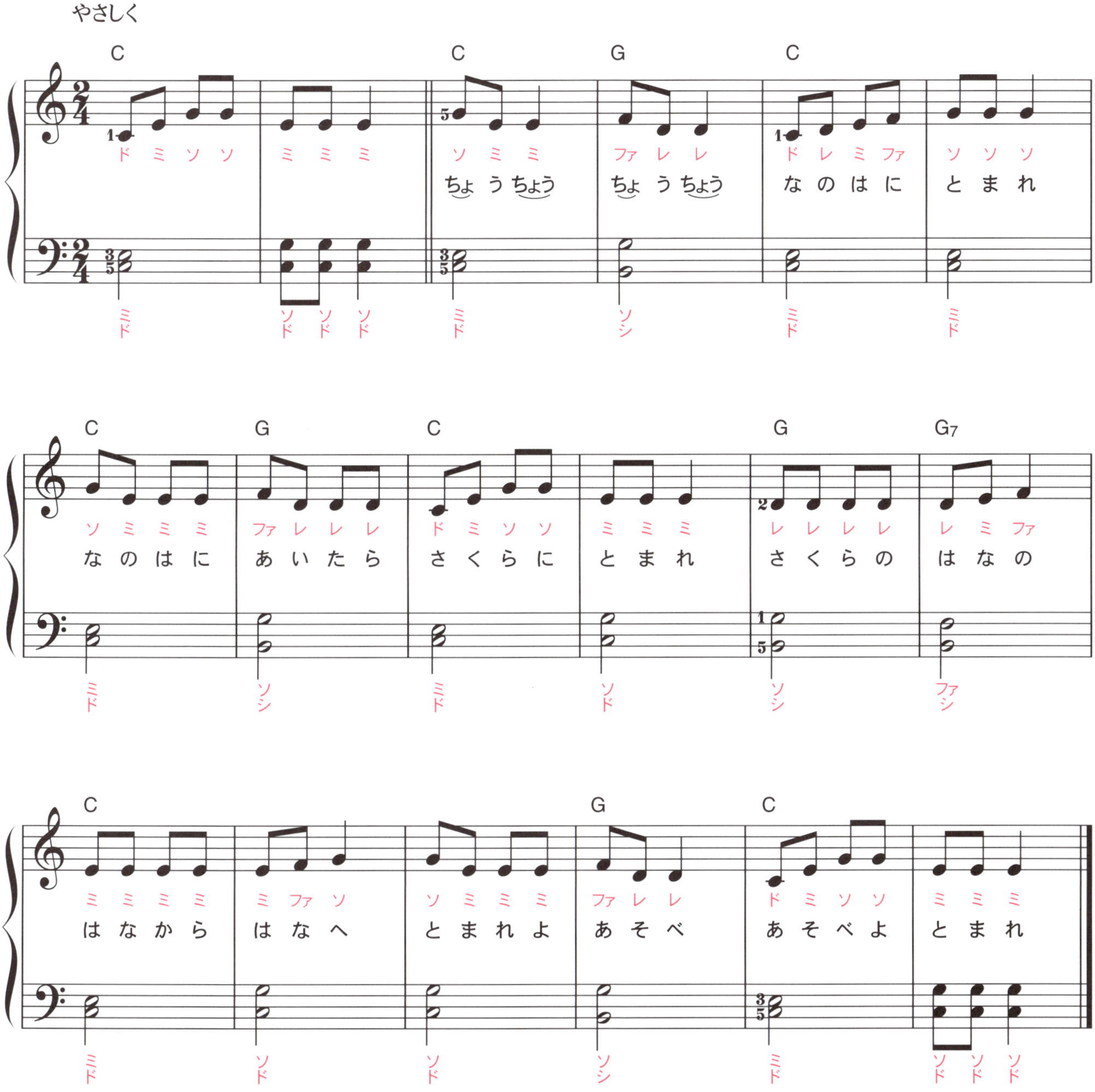

だんごむしたいそう

作詞・作曲：佐藤（亀井）愛子

とってもリズミカルでユーモラスなうた。ぜひ子どもたちにたくさん歌ってほしい曲です。しかもダンゴムシの生態にも詳しくなれます。左手はミラとレソくらいしか使いませんが、半音ずつ下りてくる部分だけは指使いに注意しましょう。

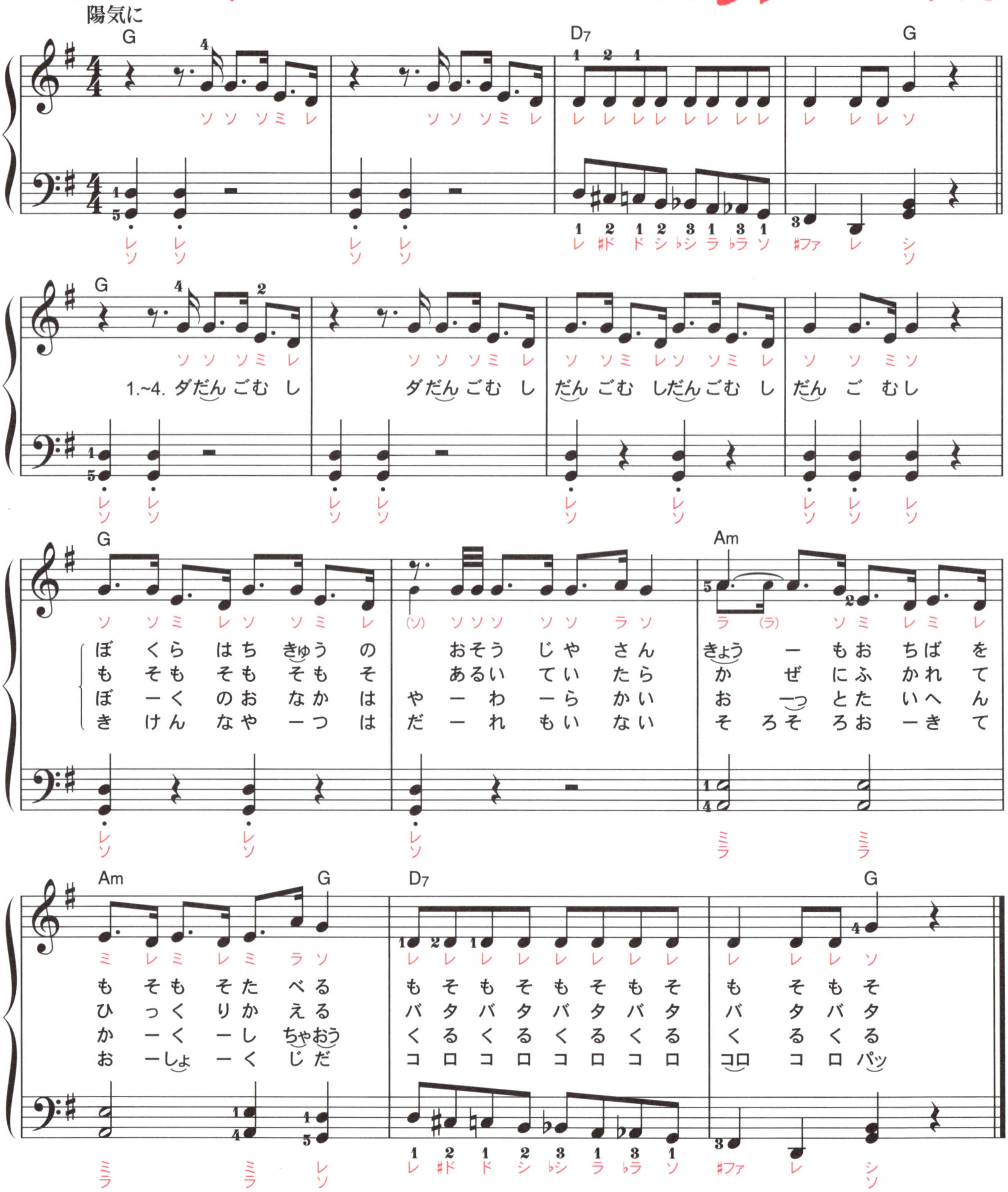
陽気に
G
D7
G
G
1.~4. ダだんごむし ダだんごむし だんごむ しだんごむし だんご むし
G
Am
ぼくらはちきゅうの おそうじやさん きょうーもおちばを
もそもそそもそもそ あるいていたら かぜにふかれて
ぼーくのおなかは やーわーらかい おーっとたいへん
きけんなやーつは だーれもいない そろそろおーきて
Am
G
D7
G
もそもそたべる もそもそもそもそ もそもそ
ひっくりかえる バタバタバタバタ バタバタ
かーくーしちゃおう くるくるくるくる くるくる
おーしょーくじだ コロコロコロコロ コロコロパッ

遊び方

〈１～３番共通〉

1 ダ　だんごむし　ダ　だんごむし

ひざを曲げてかがみ、
両手を広げて大きくジャンプを２回繰り返す

2 だんごむし（３回繰り返す）

その場で小さくジャンプを２回繰り返し、
次に両手を広げて大きくジャンプする

3 ぼくらはちきゅうのおそうじやさん

胸の前で手をクロスして思い切り小さくなり、
バンザイをして右足を前に出す

4 きょうも～たべる

3と同様にして、バンザイで左足を前に出す

〈１番〉

もそもそ～

手足をついて歩く

〈２番〉

バタバタ～

床にひっくり返って
手足をバタバタさせる

〈３番〉

くるくる～

床にひっくり返って
手足を縮め、体を丸める

〈４番〉

コロ～コロパッ

〈3番〉の「くるくる～」と同様に
丸くなって転がり最後にジャンプして
勢いよく立ち上がる

ぶんぶんぶん

作詞：村野四郎　ボヘミア民謡

左手は和音が多いように見えますが、5～6小節以外はまったく同じなのでご安心を。
右手が忙しい3～4小節は左手が楽になるようになっているので、そこは右手に集中しましょう。

おつかいありさん

作詞：関根栄一　作曲：團伊玖磨

園庭のどこでも見られるアリの行列を観察していると、本当にこの歌詞のようなやりとりをしているように思えてきますよね。左手は最初のポジションからまったく動かないし、右手もほとんど指の移動がないカンタンな曲です。

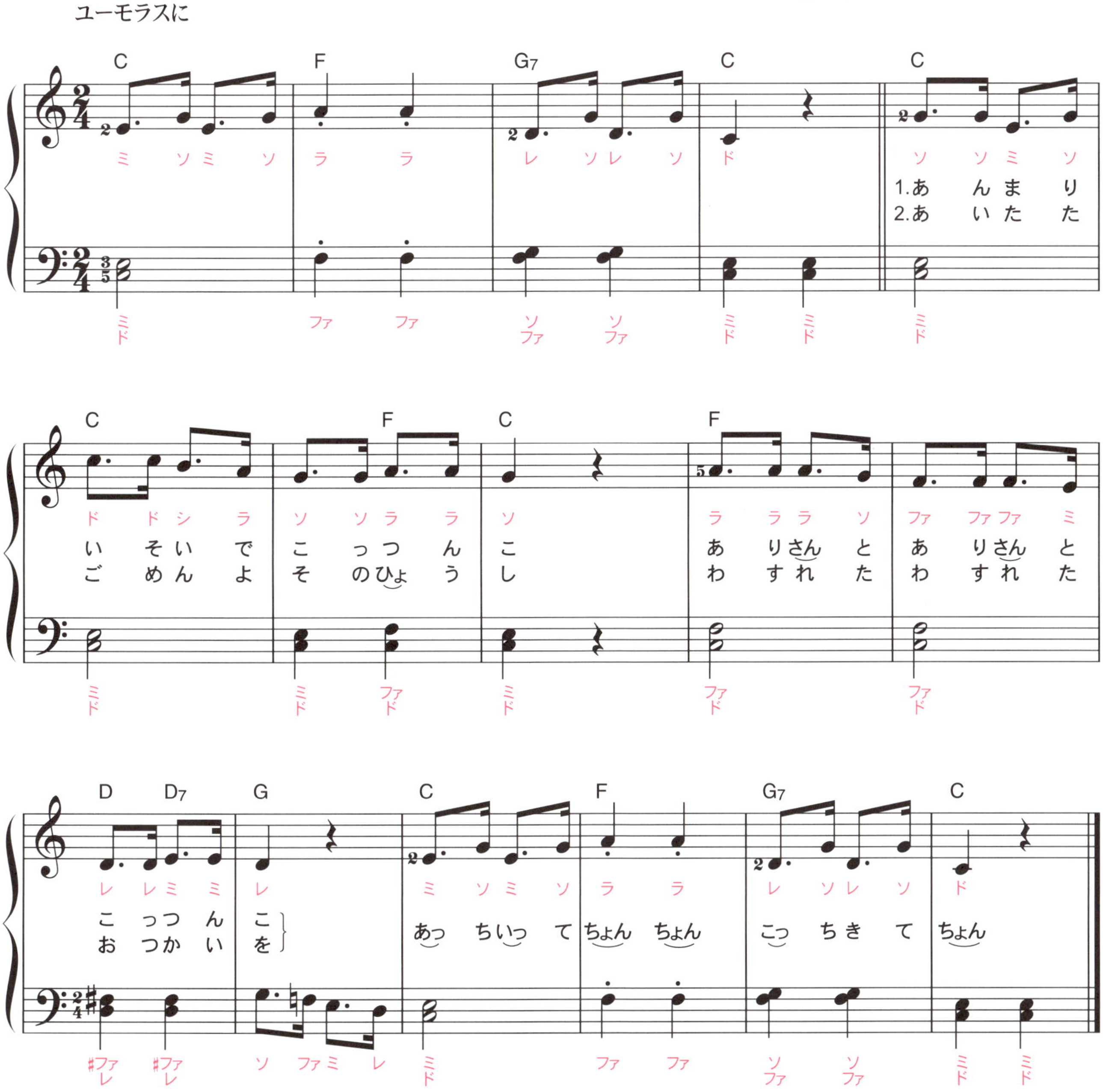
ユーモラスに
C F G7 C C
1.あんまり
2.あいたた
C F C F
いそいでこっつんこ ありさんとありさんと
ごめんよそのひょうし わすれたわすれた
D D7 G C F G7 C
こっつんこ
おつかいを
あっちいってちょんちょん こっちきてちょん

ことりのうた

作詞：与田準一　作曲：芥川也寸志

右手が意外と指くぐりが多くて、やり忘れるとすぐ詰まります。その代わりに左手はカンタンにしてあります。
イントロと３段目の装飾音符は無理に弾かなくてもだいじょうぶですよ。

かわいらしくはねて

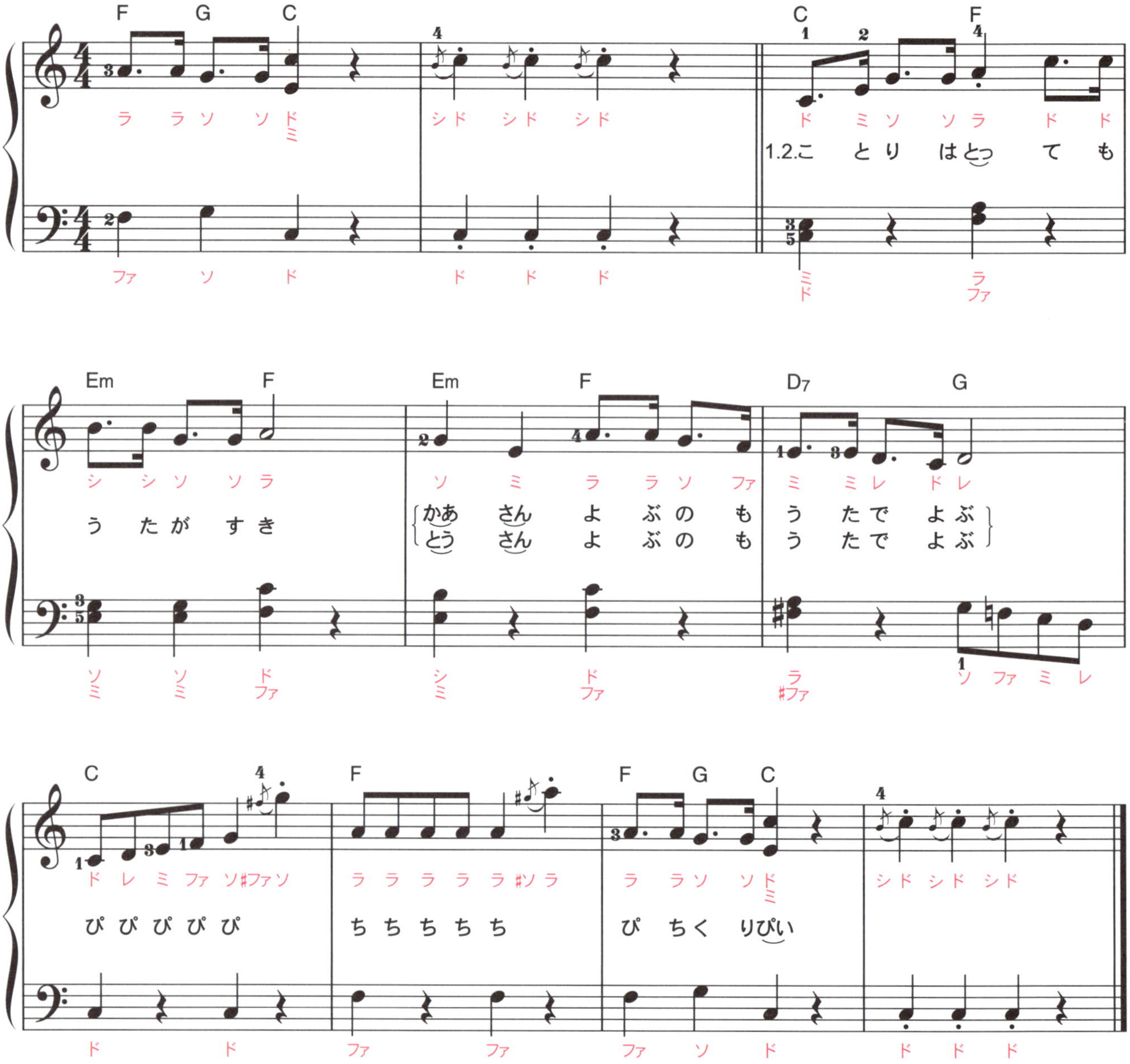

めだかの学校

作詞：茶木滋　作曲：中田喜直

みんなが知ってる童謡ですね。「そっとのぞいてみてごらん」の繰り返しは１回目を強く２回目は弱く弾くと、情感が出てかわいいですよ。
２番の歌詞はとても想像力を刺激されるので、ぜひ子どもたちにも教えてあげてください。

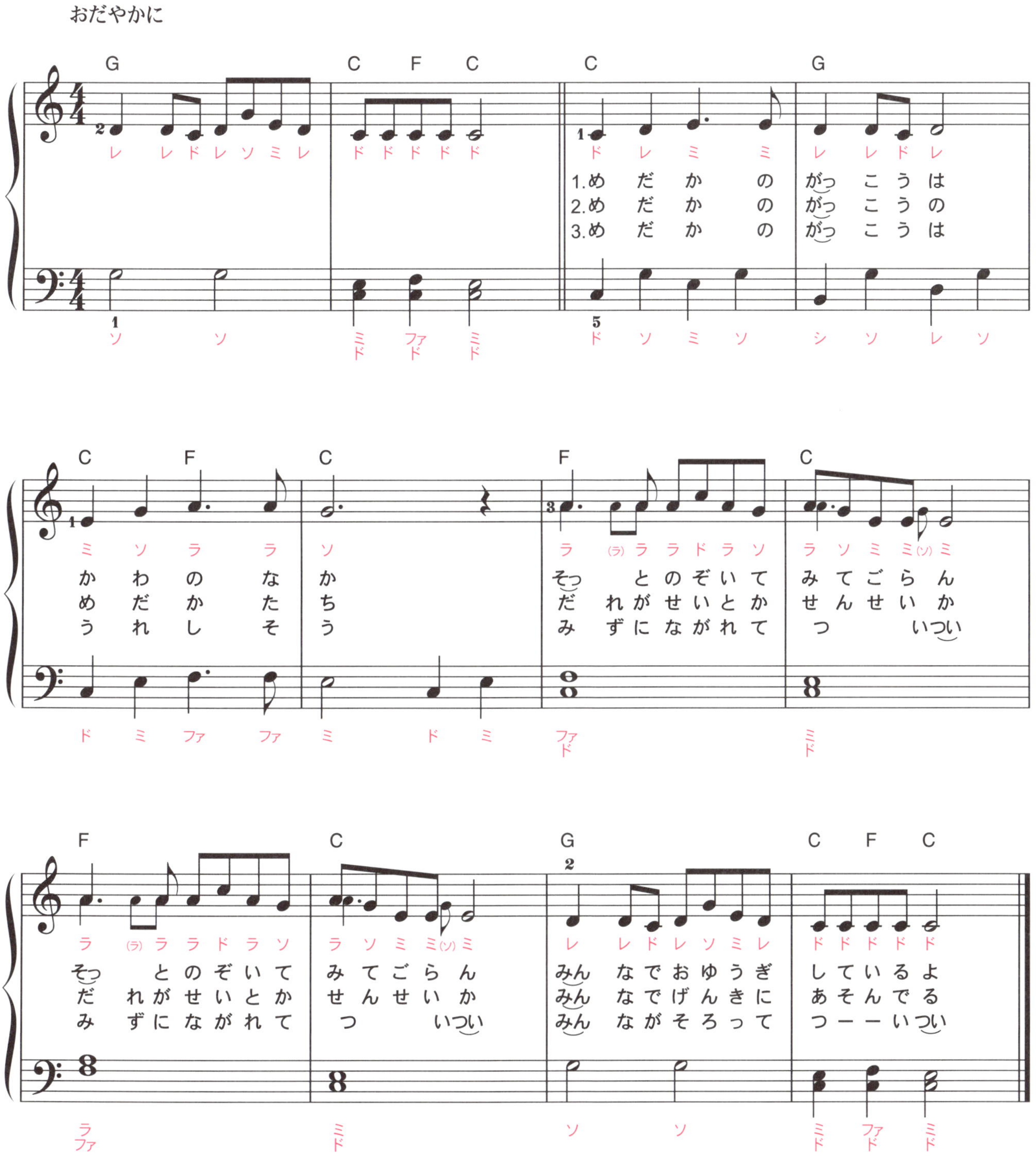
おだやかに
1.めだかの がっこうは かわのなか そっとのぞいて みてごらん そっとのぞいて みてごらん みんなで おゆうぎ しているよ
2.めだかの がっこうの めだかたち だれがせいとか せんせいか だれがせいとか せんせいか みんなで げんきに あそんでる
3.めだかの がっこうは うれしそう みずにながれて つーいつい みずにながれて つーいつい みんなが そろって つーいつい

ちっちゃないちご

作詞・作曲：阿部直美

両手とも簡単に弾けます。イチゴといえば赤いものと思っている子どもが多いかもしれませんので、写真などで赤くなる前のイチゴを見せてあげましょう。春先に実がなるイメージですが夏の季語である、バラ科の果物です。

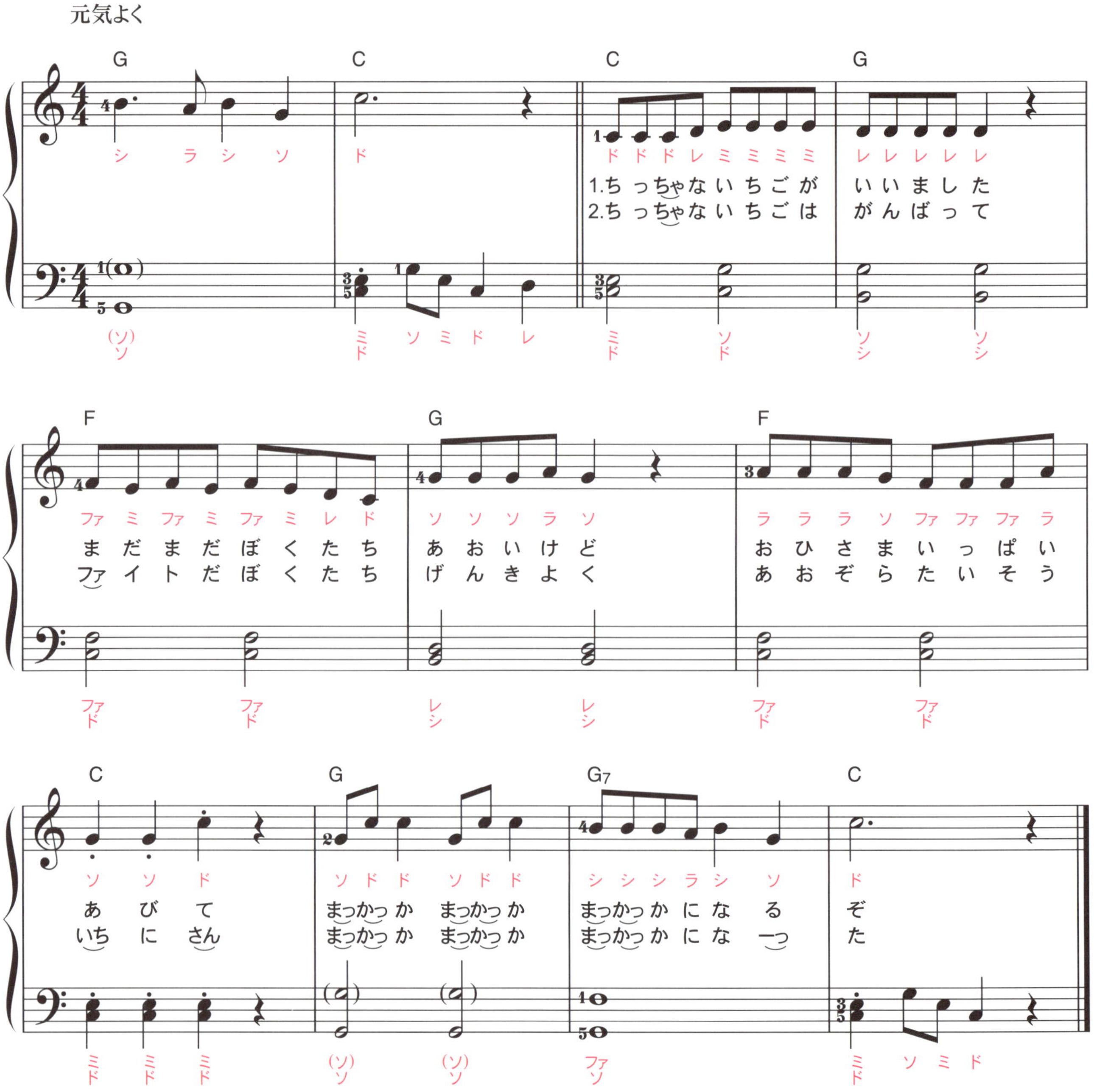

こいのぼり

作詞：近藤宮子　無名著作物

元気に歌うというよりも、空を泳ぐこいのぼりをイメージした流れるような伴奏になっています。
イントロの指番号は小さい手の人向けです。手が大きい人は指くぐりなしでも弾けますよ。

ゆったりと流れるように

2 季節・行事 春

いっぽにほさんぽ

作詞・作曲：クニ河内

言葉遊びをふんだんに取り入れたおもしろい曲です。１番の最後の歌詞は「とほ」です。間違えて「トボトボ」になると、寂しい散歩になっちゃうので、気をつけましょう。左手でテンポを刻んで、右手でリズム感を出すように弾きましょう。

歩くはやさで
F6 G G7 C
レ ド シ ラ ド ド ファ ファ ド ミ
ファ ラ ファ ラ ソ ソ ソ ド ド ソ ミ ド ソ ド
mf C F6 G C F6
ソ ド ソ ド レ ド シ ラ ソ ソ ソ ド ソ ド レ ド シ ラ ド
1.さん ぽ さん ぽ いっ ぽに ほさん ぽ さん ぽ さん ぽ ふ たり で ー さん
2.さん ぽ さん ぽ いっ ぽに ほさん ぽ て を つな いで ふ たり で ー さん
3.さん ぽ さん ぽ も ひと りふえ て さん ぽ さん ぽ さ んに ん ー さん
4.さん ぽ さん ぽ ま たま たふえ て とも だち いっ ぱい み んな で ー さん
5.さん ぽ さん ぽ いっ ぽに ほさん ぽ さん ぽ さん ぽ み んな で ー さん
ミド ミド ファド ファド ミド ミド ミド ファド ファド ファド
1. 2.3.4.
C C F C
ド ド ラ ラ ソ ファ ラ ラ ソ (ミ) ミ(ソ) (ミ) ソ (ミ) ミ(ソ) (ミ)
ぽ
ぽ ゆっ く りゆっ く り と ほ と ほ
ぽ いそ い でいそ い で た か たかたか たか
ぽ のこ り の さ ん ぽ の こ の こ
ミド ド ラソ ラソ ミ ミド ド ドソ ソミ ミ ファ ド ファ ド ミ ド ミ ド

F C G7
ラ ラ ソ ファ ラ ソ (ミ) ミ(ソ) (ミ) ソ (ミ) ミ(ソ) (ミ) ソ ソ
ファ ファ
あし な み いっ しょ と ほ と ほ さん ぽ
あし な み いっ しょ た か た か た か た か さん ぽ
のん び り さん ぽ の こ の こ さん ぽ
ファ ド ファ ド ミ ド ミ ド ソ ファ ミ レ
C F6 G G7 C
ド レ ド シ ラ ド ド ド
ファ ファ ミ
ぽ
ミ ド ド ソ ミ ファ ラ ファ ラ ソ ソ ソ ド ド ソ ミ ド ソ ド

さんぽ

作詞：中川李枝子　作曲：久石譲

子どもの大好きなスタジオジブリアニメの定番曲。ほとんどが右手１音、左手１音でアレンジしてありますので、大きな音ではっきりと弾けるようにしましょう。全体的に少しはねるように弾くと、指の入れかえに余裕ができます。

行進曲風に

mf
1.~3.あ る こう あ る こう わ た しは げ ん き
あ るく の ー だい す き ど んど んい こ う
mp
さ かみ ちー トンネルー くさっぱらー
みつばちー ぶんぶんー はなばたけー
きつねもー たぬきもー でておいでー

Am Em F D7 G
2番
いっぽんばしにー でこぼこじゃりみ ち
ひなたにとかげー へびはひる ねで
たんけんしようー はやしのおくま で
mf
C Em F G7 C
3番
くものすくぐってー くだりみち
ばったがとんでー まがりみち
ともだちたくさんー うれしいな
×2times
mf
C Em F G7
ともだちたくさんー うれしい
C
な ー ー

かえるの合唱

訳詞：岡本敏明　作曲：ドイツ民謡

よく輪唱で歌われる曲ですが、３～５歳児での輪唱は難しいので、まずはふつうに斉唱で歌えるようにしてあげましょう。
最後から２小節前の右手が大変な場合は無理をして弾かずに、４分音符で弾いてもOKです。

かわずの夜まわり

作詞：野口雨情　作曲：中山晋平

「かわず」はカエルのことですが、地方や世代によって言い方が違うかもしれません。
メロディラインは日本民謡風の独特なフレーズなので、子どもたちの音感育成のためにもぜひ伝えたい曲です。

かたつむり

文部省唱歌

難しそうに見えますが、あの『かたつむり』なので難しくはありません。５小節目のユニゾンが難しければ、左手はドとミの音だけでOK。７小節目のシとソも弾かなくても問題ありませんが、弾けるとちょっとカッコいいかも？

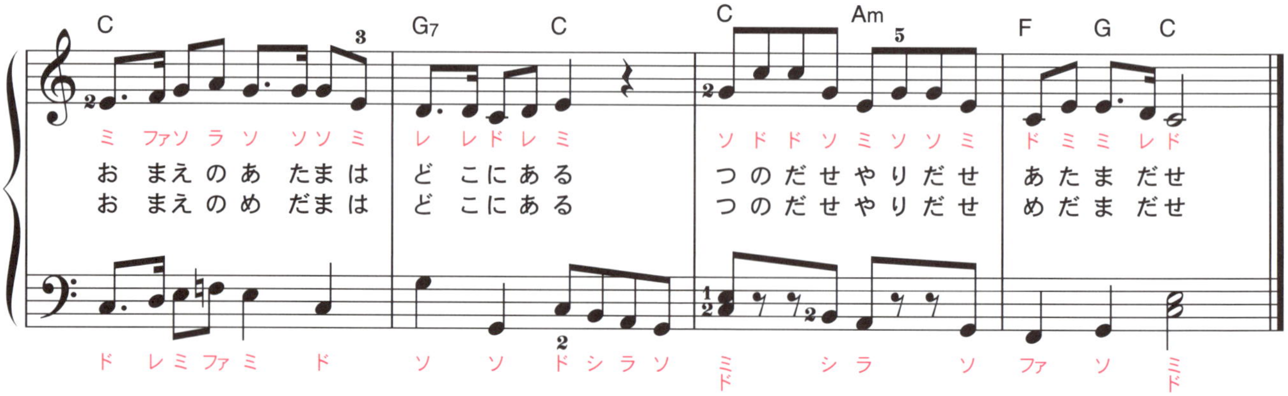

あめふりくまのこ

作詞：鶴見正夫　作曲：湯山昭

ある雨の日のこぐまのお話。ストーリー性の高い歌なので、ぜひ５番までしっかりと弾いて心の栄養にしてあげましょう。
両手ともとってもカンタンな曲なので、子どもたちのようすを見ながら歌う練習には最適な１曲。

ゆったりと
C/E F G G7 C C Em F G G7 C C/E F G G7 C
1. おやまに あーめが ふりました あとから あとから ふーってきて ちょろちょろ おがわが できました
2. いたずら くまのこ かけてきて そうーっと のぞいて みてました さかなが いるかと みてました
3. なんにも いないと くまのこは おみずを ひとくち のみました おててで すくーって のみました
4. それでも どこかに いるようで もいちど のぞいて みてました さかなを まちまち みてました
5. なかなか やまない あめでした かさでも かぶーって いましょうと あたまに はっぱを のせました

雨のワルツ

作詞・作曲：増田裕子

大人にはブルーな雨の日も、子どもたちは不思議がいっぱい。ぬれるのだって楽しくてしかたがありません。左手のリズムはワルツらしくブンチャッチャばかりなので、落ち着いて次の和音を探しましょう。ペダルを踏む場合は１小節ごとに踏み直してください。

流れるように

G D7 G
レ ド シ ド シ ド ミ レ ド シ ド
ピッ トン トン ぼ く の か た に ピッ トン
ピッ チャン チャン わた し の ほっ ぺ に ピッ チャン
G7 C G
レ ミ #レ ミ ソ #ファ ミ レ ド シ
トン ぼ く の おな か に ピッ トン トン
チャン わた し の まつ げ に ピッ チャン チャン
A7 D D7 G
ソ #ファ ソ ミ #ファ ソ #ファ ソ ラ レ シ レ
ぼ く の あ し に ピッ トン トン あ め あ
わた し の み み に ピッ チャン チャン
G G
シ ラ ソ レ シ レ ラ ソ
め あ め あ め が ふっ て

雨のワルツ

D7
ソ ♯ファ レ ド レ ラ ソ ♯ファ
く る あ め あ め あ め
ラ レ ド レ ド ラ レ ド レ ド ラ レ ド レ ド ラ レ ド レ ド ラ レ ド レ ド
D7 D D7
ミ レ ミ ♯ファ ♯ファ ミ レ ミ ♯ファ
あ め と ぼ ー く と も だ
あ め と わ た し と も だ
ラ レ ド レ ド ラ ♯ファ レ ♯ファ レ ラ ♯ファ レ ♯ファ レ ラ レ ド レ ド
1. G 2. G
ソ レ ソ
ち 2.あ ち
ソ レ シ レ シ (ソ) ソ ソ レ シ ソ レ シ ソ

とけいのうた

作詞：筒井敬介　作曲：村上太朗

時計が読めないながらも、見ていて楽しい時計をかわいらしく歌った童謡です。時計と同じようにテンポに合わせてしっかりと弾けるようにしましょう。４段目が弾けるようになるととてもキレイなので、ぜひ練習をしてください。

元気よく
C G F G C C F
1.2.コ チ コ チ カッ チン
F G C F G7 C
お と けい さん コ チ コ チ カッ チン う ご い て る
G G7 C
こ ど も の は り と お と な の は り と
こ ど も が ピョ コ リ お と な が ピョ コ リ
C F G7 C G F G C
こ ん に ち は さ よう な ら コ チ コ チ カッ チン さ よう な ら

大きな古時計

作詞：保富庚午　作曲：ワーク

非常に有名な曲ですが、ポップスのようなキレイなコード進行になっています。歌詞のフレーズごとの強弱を意識してペダルを踏める人はペダルを使って、流れるように弾きましょう。右手の指番号を間違えると詰まってしまうので注意。

G Em C D G Em A D
レ シ ラ ソ ♯ファ ソ ラ ソ ♯ファ ミ レ ソ シ レ シ ラ ソ ♯ファ ソ ラ レ
い さ ん の う ま れ た あ さ に か っ て き た と け い さ
しい こ と も か な し い こ と も み な しっ て る と け い さ い
ご く へ の ぼ る お じ い さ ん と け い と も お わ か れ
ソ ミ ド ♯ド レ シ ミ ♯ド レ
G D G C G D7 G
ソ ソ ラ シ ド シ ミ ラ ラ ソ ♯ファ ソ レ レ
ま は もう うご か な い そ の と け い ひゃ く
シ ソ ド ♯ファ シ ソ ラ ド シ レ ラ レ シ ソ レ シ ソ
G C G G C G
ソ レ レ ミ レ レ シ レ シ レ レ ソ レ レ ミ レ レ シ レ シ レ レ
ねん や す ま ず に チク タク チク タク お じい さん と いっ しょ に チク タク チク タク い
シ ソ ド ソ ソ ソ シ ソ ド ソ ソ ソ
G D G7 C G D7 G
ソ ソ ラ シ シ ド シ ミ ラ ラ ソ ♯ファ ソ
ま は もう う ご か な い そ の と け い
シ ソ レ ♯ファ レ ファ ド ミ シ レ ラ レ シ ソ レ シ ソ

ねずみのはみがき

作詞・作曲：阿部直美

歯が欠けたネズミさん。でも歯みがきしたら乳歯が生え替わって、大人の歯になりましたよ。
最後のだんだん速く強くなる部分は、最初はわざとゆっくりめにスタートすると、最後が盛り上がりますよ。

緊張感をもって
Dm Gm A Dm
レ レ ファ ファ ソ ファ ソ ラ ラ ラ ラ ラ レ レ ド レ ラ ファ ファ ミ ミ レ
レ ラ レ ラ レ ラ レ ラ ソ ソ ラ ラ レ ラ レ ラ
Dm
1.～4.
レ レ ファ ファ ソ ファ ソ ラ ラ ラ ラ ラ レ レ レ ファ ファ ソ ファ ソ ラ ラ ラ ラ ラ レ レ ド
1.~5.
ねずみのまえば
ガリガリガリ
カリカリカリ
ポリポリポリ
コリコリコリ
いっぽんだけ
ねずみのまえば
ガリガリガリあら
カリカリカリあら
ポリポリポリあら
コリコリコリあら
レ ラ レ ラ レ ラ レ ラ レ ラ レ ラ レ ラ レ ラ
Gm A Dm Dm
レ ラ ファ ファ ミ ミ レ ラ ファ ラ ファ ラ ファ ラ ファ ラ ファ ラ ファ ラ ファ ラ ファ
いっぽん
にほん
さんぼん
よんほん
かけちゃっ
た
ソ ソ ラ ラ レ ラ レ ラ レ ラ レ ド レ ラ レ ド

（注）「シュッシュッ」は音を外して自由に歌います。

しゃぼんだま

作詞：野口雨情　作曲：中山晋平

シャボン玉シーズンの定番の歌。騒ぐのも楽しいですが、シャボン玉をゆったりと眺めてみるのも情緒があっていいですよ。
右手の指かえだけ気をつければ、左手は楽です。

みずでっぽう

作詞：都築益世　作曲：渡辺茂

みずでっぽうを遠くまで飛ばしたら、いろいろなことが起きたというおもしろい視点で描いた歌ですね。ダリヤ・やつで・もみじと３つの植物が出てきますので、どんなものか教えてあげましょう。少し音域が広い曲ですので、少しゆっくりめに弾いてあげるとよいでしょう。

元気よく
Gm F C F F F Fsus4 F B♭ F G C Gm F C F
1.しゅっ しゅっ しゅうの みずでっぽう
2.しゅっ しゅっ しゅうの みずでっぽう
3.しゅっ しゅっ しゅうの みずでっぽう
しゅっ しゅっ しゅうと ダリヤまで ダリヤの おはなに
しゅっ しゅっ しゅうと やつでまで やつでの はっぱに
しゅっ しゅっ しゅうと もみじまで もみじの こえだに
とどいたら ちょうちょがあわてて とびだした
とどいたら なないろきれいな にじがでた
とどいたら すずしいそよかぜ ふいてきた

プールのなかで

作詞：小春久一郎　作曲：中田喜直

子どもの大好きな水遊び。いろいろな動物ごっこをすると、子どもたちの水への怖さも吹っ飛びますよね。
最後のドレドレ～の余韻が涼しげな曲です。最後のファが間に合わない人は弾かなくてもだいじょうぶですよ。

元気よく
F C7 F F B♭ C
ララソファソ ド ファ ド ラソファレド レドレファソラソ
1.プール のなかで かばさんになろう
2.プール のなかで ぞうさんになろう
3.プール のなかで わにさんになろう
ラ ファ ♭シ ミ ラドレドレ ラ ファ ファ ♭シ ミ ド
B♭ F C7 1.2. A 3. F
レドレドファレソファ ララソファソ ド ラ ♯ド ラ ファ
ぶくぶくぶくぶく かおだけだそ う
ざぶざぶざぶざぶ かけっこしよ う
ついついついつい およいでみよ う
ファ ♭シ ファ ♭シ ファ ラ ファ ラ ファ ド ♭シ ド ラ ミ ソ ファドレドレ

たなばたさま

作詞：権藤はなよ（補作詞　林柳波）　作曲：下総皖一

♭は左手に何か所か出てくるだけで右手には出てきません。６小節目の最後のシ♭は弾かなくてもいいですが、弾くとキレイです。
２番目の歌詞に出てくる「五色の短冊」とは、青・赤・黄・白・黒（紫）のことです。

優雅に流れるように

きらきら星

訳詞：武鹿悦子　フランス民謡

コードを見て難しそうだと思わないでください。ただの『きらきら星』なので、難しくしようがありません。
7～10小節目だけ少し弱めに弾くとかわいい感じになります。

ゆったりとあかるく

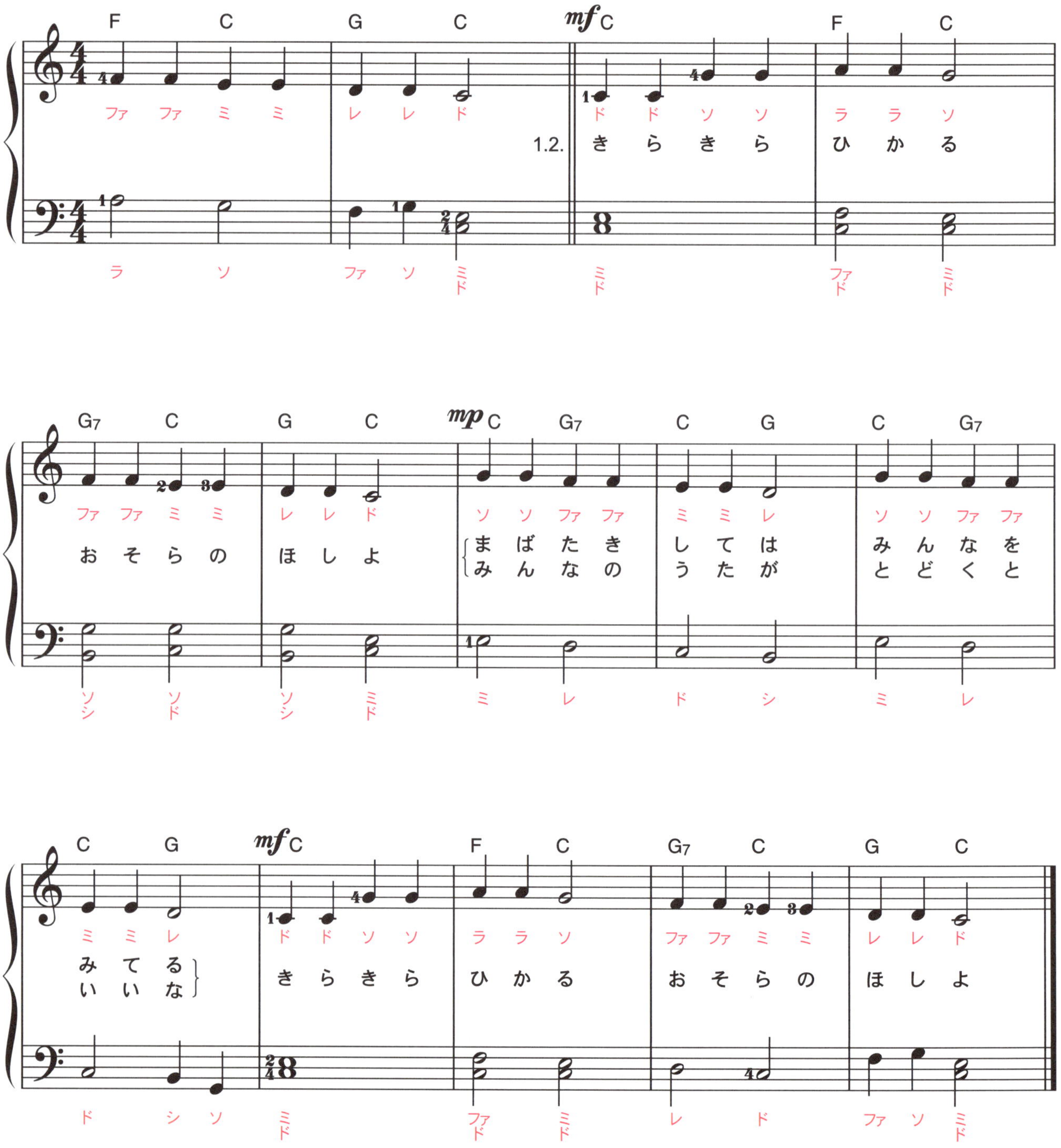

キャンプだホイ

作詞・作曲：マイク真木

スカウトソングとして作られた曲です。歌詞に合わせて手をつないだり、振りをしたりと、自由に遊べるうたです。歌詞も覚えやすくノリもよいのでみんなで歌いましょう。左手の親指はほとんどファに固定しておけるので覚えやすいですよ。

元気よく
1.~3. キャンプ だホイ キャンプ だホイ
キャンプ だホイ ホイホーイ
キャンプ だホイ キャンプ だホイ
キャンプ だホイ ホイホーイ
はじめてみるやま はじめてみるかわ はじめておよぐう み
はじめてみるとり はじめてみるむし はじめてあそぶも り
はじめてあうひと はじめてうたううた はじめてつくるごは ん
きょう からともだち あしたもともだち ずっ とともだち さ

誰かが星をみていた

作詞：新沢としひこ　作曲：中川ひろたか

とてもキレイなコード進行の曲です。ペダルを使うのを前提にしているアレンジなので、音が濁らないように踏めるように練習しましょう。全体的にリズムをきっちり取らないと、なんとなくだるい感じになってしまうので注意してください。

なつかしく
F　G　C　C　CM7
ド ド ド ド レ ド シ　ド ソ　ド シ ド シ ソ
1.ア
フ リ カ の ほ
ん きょ く の ほ
っ ぽ ん の ほ
ラ ラ シ シ　ファ ファ ソ ソ　ド ミ ソ ド　ド ソ ド　ド ソ シ
Ped.
Am/C　C7　A　Dm　D♭aug
シ ラ シ ラ ソ　♭シ ラ ♭シ ラ ミ　ソ ファ ソ ファ ファ
し を み て ぞ　う た ち は そ　だ ー っ た く
し を み て ぺ　ン ギ ン は そ　だ ー っ た ひょ
し を み て ぼ　く た ち は そ　だ ー っ た も
ド ミ シ　ド ミ ラ　ド ソ ♭シ　♯ド ミ ラ　レ ファ ラ　♭レ ファ ラ
Ped.
simile
F　Fm　C　C♯m7♭5　1.　Dm7　D7
ソ ファ ソ ファ ファ　ミ ソ ラ シ ラ　ド ド ド ド レ シ ラ
さ は ら に ね　こ ろ ん で な　が れ ぼ し を み て
う ざ ん に ね　こ ろ ん で な
の ほ し に ね　こ ろ ん で な
ド ファ ラ　ド ファ ♭ラ　ド ミ ソ　♯ド ミ ソ シ　レ ファ ラ　レ ♯ファ ド

※simile（シミーレ）「前の小節と同じように」という意味です。前の小節と同じように2拍ずつペダルを踏みましょう。

2.
G G7 Dm7 G7 C C7
ソ ソ ド ドド ドシ ラ ソ ド
た 2.な
がれぼしをみてた
シ ラ ソ ファ
ソ ファ ミ レ
レ ファラ レ ファソ ド ソド ド ミ ♭シ
Dm G Dm7 G7 C E♭dim Dm7 G7
ファ ラ ドシ ファ ラ ドシラソ ド レド レド レド レ ド ラ シ
いつでも ほしはあったー だれかがほしをみ ていたー
ラ ソ ソ ド ソ ソ ソ ソ ♭ソ ♭ソ ファ ファ ソ ファ
レ レ ミ ミ ♭ミ ♭ミ レ レ (ソ)
Em7 E7 Am Dm7 D7 G G/F
シ シ ドレ ミ レ ド シラ シラ ラ レ レレ レド シ ラ ソ ソ
すぎてゆくと きのながれ ほ しだけがしって い る 3.に
ミ ソシ ミ ♯ソシレ ラ ドミ ミ ラド
ラ ラ ラ ラ シ ラ ソ ファ
ファ ファ ♯ファ ♯ファ ソ ファ ミ レ
D.S.
Dm7 G7 CM7
ド ドド ドシ ラ ソ ド
がれぼしをみて た
rit.
レ ファラ レ ファシ ド ミソ ラシ

うみ

作詞：林柳波　作曲：井上武士

有名な唱歌ですね。月も太陽も海から出てくるのは島国日本ならではの歌詞です。右手はカンタンですが、左手は海のように常に動くので、運指に気をつけてください。少し遅いかな？くらいのテンポで弾いて、海の雄大さを感じながら歌いましょう。

雄大に
F　Am　B♭　C　F
ラ ラ ド　ラ ラ ソ ファ　レ レ ド ソ　ファ
ファ　ファ ソ ラ　♭シ ド　ファ ド ファ
F　B♭　Am　Dm　G7　C
ラ ソ ファ　レ ソ ファ レ　ド ド ファ ファ　ソ
1. う み は　ひ ろ い な　お お き い　な
2. う み は　お お な み　あ お い な　み
3. う み に　お ふ ね を　う か ば せ　て
ファ　♭シ　ラ レ シ　ド レ ミ
F　Am　B♭　C　F
ラ ラ ド　ラ ラ ソ ファ　レ レ ド ソ　ファ
つ き が　の ぼ る し　ひ が し ず　む
ゆ れ て　ど こ ま で　つ づ く や　ら
い っ て　み た い な　よ そ の く　に
ファ　ファ ソ ラ　♭シ ド　ファ ド ファ

かもめの水兵さん

作詞：武内俊子　作曲：河村光陽

水兵さんが何かを説明しましょう。名前だと思っちゃう子も！？
右手は指をくぐらせる場所が連続するので、そこで詰まらないように気をつけましょう。

軽快に
1.〜4.
かもめーの すいへいさん
ならんーだ すいへいさん
かけあーし すいへいさん
ずぶぬーれ すいへいさん
なかよーし すいへいさん
しろいぼうし しろいシャツ
しろーいふく
なーみにチャップチャップ うかーんでる
なーみをチャップチャップ こえーてゆく
なーみでチャップチャップ おせーんたく
なーみにチャップチャップ ゆれーている

せみのうた

作詞：さとう・よしみ　作曲：中田喜直

ちょっとクセがあるけどユーモラスなセミのうた。コードで見るとなんだか難しそうですが、実際は１音ずつ下りているだけです。「みーん」の左手が難しいならドソの和音で伸ばすだけでもいいですよ。

ほたるこい

わらべうた

本物のホタルを見たことはありますか？　暗闇にかすかに光るホタルを驚かせないように、語りかけるように歌いましょう。
左手はラレミラの４音しか使わないので、ポジション固定でラクラク。

ゆっくりとほのかに

ばった

作詞：阪田寛夫　作曲：服部公一

歌詞の最後の「へたばった」が掛けことばになっています。
「へたばる」という言葉は子どもにはなじみのない言葉かもしれないので、意味を教えてあげましょう。

あかるく
1.いちばん ばったは キチキチキチ にばん ばったも キチキチキチ さんばん ばったは どうしたの おひげをしごいて いばった
2.いちばん ばったは ハタハタハタ にばん ばったも ハタハタハタ さんばん ばったは どうしたの ほんとはとべない へたばった

アイスクリーム

作詞：田中ナナ　作曲：岩河三郎

子どもがアイスを食べているようすが目に浮かぶ優しい曲ですね。最後に出てくるAdimは珠玉のキレイさです。
9～10小節の左手は運指に注意。イントロと最後が似たフレーズですが、運指が違うので注意しましょう。

やさしくゆったりと

Am　Em　G　C　C
アイスクリーム
C　F　G　F　C　F　C　F　D7/F♯　G
アイスクリーム
どこから　どこから　なめよかな
C　Adim　Em　G　C
とけちゃうよ　でも　どこから　なめよかな

アイスクリームの唄

作詞：佐藤義美　作曲：服部公一

アイスクリームを食べているときのあの幸せな瞬間を美しく表現した珠玉の名曲。アイスクリームはまさに「たのしいね」なのです。左手が分散和音メインなので、次に移動する音を常に意識しながら弾かないとリズムがもたついてしまいますよ。

元気よく
C Gm C Gm C Gm C
1.おと
C Csus4 G7 C
ぎばなしの　おうじでも　むかしはとても　たべられない　アイスクリー
ぎばなしの　おうじょでも　むかしはとても　たべられない　アイスクリー
ぎばなしの　おうじでも　むかしはとても　たべられない　アイスクリー
D♯dim Dm D G C Csus4
ム　アイスクリー　ム　ぼくは　おうじでは　ないけれど　アイ
ム　アイスクリー　ム　わたしは　おうじょでは　ないけれど　アイ
ム　アイ
G7 C G7
スクリームを　めしあがる　スプーンーですくって　ピチャッチャッチャッした　にーのせると
スクリームを　めしあがる

C A Dm G C
ラ ラ ソ ソ ラ シ ラ ソ ファ ラ ソ ソ ファ ミ レ ド ミ ♭ミ
トロン ト ロ のど を おんがくたい が とお り ま す プ カ
D G D G
レ レ ラ ♯ファ ソ ソ レ レ レ ミ ♭ミ レ ♯ファ ラ ド シ ソ ソ ソ ソ ファ
プ ー カドン ドン つ め た い ね ル ラ ル ー ラ ル ー ラ あ ま い ね チ ー
E7 Am D G
ミ ミ ♯ソ シ レ ド ド ラ ラ ラ シ ド レ レ レ レ レ レ レ ド シ ラ ソ ミ ファ
タ カ タッ タッ タッ お い し い ね ア イ ス クー リ ー ム は た の し い ね 2.3.お と
Dm Em D♯dim G7/D C
ラ ソ ラ シ ド ド ソ
ス ク リ ー ム

2
季節・行事
夏

ぼくのミックスジュース

作詞：五味太郎　作曲：渋谷毅

NHKの番組『おかあさんといっしょ』で放送された名曲。作詞は絵本作家として有名な五味太郎さん。
1～3番で歌詞に合わせて右手の音が変化するので、何番でどこを弾くのかをしっかりとチェックしておきましょう。

元気よく
1.おはようさんの　おおごえと　キラキラキラの　おひさまと
2.ともだちなかよし　うたごえと　スカッとはれた　おおぞらと
3.あのねーそれでねの　おはなしと　ほんわかおふろの　いいきもちと
それにゆうべの　こわいゆめ　みんなミキサーに　ぶちこんで
それにけんかの　べそっかき　みんなミキサーに　ぶちこんで
それにひざこぞうの　すりきずを　みんなミキサーに　ぶちこんで

C
F
F/E♭
B♭
B♭m
C7
あさは
ひるは
よるは
ミックスジュース
ミックスジュース
ミックスジュース
こいつをググッと
のみほせば
きょうはいいこと
なんでもかんでも
あとはぐっすり
あるかもね
いいちょうし
ゆめのなか

とんでったバナナ

作詞：片岡輝　作曲：櫻井順

子どもが大好きなバナナの名曲。
全体的にストーリーがあり各番でのようすがイメージしやすいので、イラストを見せながら歌うと覚えやすいですよ。

たのしげに
1. バナナが いっぽん ありました あおい みなみの そらの した こどもが ふたりで とりやっこ
2. ことりが いちわ おりました やしの こかげの すの なかで おそらを みあげた そのときに
3. きみは いったい だれなのさ ことりが バナナを つつきます これは たいへん いちだいじ
4. ワニが いっぴき おりました しろい しぶきの すなはまで おどりを おどって おりますと
5. ワニと バナナが おどります ボンボコ ツルリン ボンツルリ あんまり ちょうしに のりすぎて
6. おふねが いっそう うかんでた おひげ はやした せんちょうさん グーグー おひるね いいきもち

D7 G C G7 C
レ レ レ ラ レ ソ ソ ソ ラ ソ ド ラ ソ ミ ド レ レ シ ド
バナナナはツルンと とんでったバナナ ナはどこへ いったかな
バナナナがツルンと とびこんだはね もないのに ふんわりこ
バナナナがツルンと にげだしたたべ られちゃうなんて やなこったた
バナナナがツルンと とんできたおひ さまにこにこ いいてんき
バナナナはツルンと とんでったバナナ ナはどこへ いったかな
おくちをポカンと あけてたらバナ ナがスポンと とびこんだ
ラ ♯ファ ラ ♯ファ シ ソ シ ソ シ ソ ミ ド ソ ソ ミ ド
1.〜5.
C G7 C
ソ ラ ラ ソ ソ ラ ラ ソ レ ラ ソ ド
バナナンバナナン バナーナ
ミ ド ミ ド ソ ソ ミ ド
6.
C6
ラ ソ ラ ソ ラ ソ ラ ソ
モグモグモグモグ
ラ ソ ラ ソ ラ ソ ラ ソ
C6 C F C/E F G7 C
ラ ソ ド ド ド ラ ソ ラ ド ラ ド ド ミ
たべちゃった たべちゃった たべちゃった
ラ ソ ミ ド ミ ド ラ ファ ソ ミ ソ ミ ラ ファ レ ソ ド ド

しりとりうた

作詞：横笛太郎　作曲：兼永史郎

夏の楽しいものがいっぱいな曲。決められた歌詞以外でも、いろいろなしりとりに挑戦してみては？
子どもが歌うエコーパートは右手は実際には弾きません。左手だけでも大変という人は両手とも弾かなくてもなんとかなります。

軽快に

G C D G
(シ) (シ) (シ) ド ド ド (ド) (ド) (ド) レ レ レ ド シ シ
(カ モ メ) メ ダ カ (メ ダ カ) か い す い よ く
(よ み せ) せ ー み (せ ー み) み ず あ ー そ び
シ シ シ ソ ド ド ド レ ♯ファ ソ
ソ ソ ソ ミ ソ ソ ソ
D G D7
(レ) (レ) (レ) (ド) (シ) (シ) ド シ ラ (ド) (シ) (ラ)
(か い す い よ く) く ー も (く ー も)
(み ず あ ー そ び) ビー だ ま (ビー だ ま)
レ レ レ ド シ シ ラ ラ ド シ ラ
♯ファ ♯ファ ラ ソ ♯ファ
D G
♯ファ ♯ファ ソ ラ (♯ファ) (♯ファ) (ソ) (ラ) シ シ シ ラ ソ
も く も く (も く も く) く い し ん ぼう
ま つ ー り (ま つ ー り) りょ ー こ ー う
♯ファ ♯ファ ♯ファ ♯ファ ソ ラ シ シ
レ レ レ レ ミ ♯ファ ソ ソ
G D G
(シ) (シ) (シ) (ラ) (ソ) レ ♯ファ ソ (レ) (♯ファ) (ソ)
(く い し ん ぼう) う な どん (う な どん)
(りょ ー こ ー う) う な どん (う な どん)
シ シ シ ラ ソ レ ド シ レ ♯ファ シ
レ レ レ ド シ ソ

トマト

作詞：荘司武　作曲：大中恩

子どもの好きな回文の詩です。曲はとてもフワッとした優しいイメージの曲なので、
16分音符のところも力を抜いてフワッと弾けるように練習しましょう。スタッカートも柔らかめに。

ゆっくりとやさしく

C F F B♭ G7 C
ド ド レ ド ラ ソ ファ
ド ラ ソ ファ
1.ト マ トっ て
2.ト マ トっ て
ソ ソ ソ ファ ソ ソ ソ ラ ソ
かわいいなまえだね
なかなかおしゃれだね
ミ ド ミ ファ
ラ ファ
ラ ファ
♭シ ファ
シ ファ
ド ミ
♭シ ミ
Am Dm Gm G C F
ラ ラ ラ ラ ド ラ ラ レ(レ)ラ(ラ)ラ
うえからよんでもトマト
ちいさいときにはあおいふく
レ レ レ レ ファ レ レ ソ(ソ)レ(レ)レ
したからよんでもトマト
おおきくなったらあかいふく
ド ド レ ド ラ ソ ファ
ラ ミ
ラ ファ ファ
♭シ ソ
シ ソ ソ
ミ ド ミ ファ

オバケなんてないさ

作詞：まきみのり　作曲：峯陽

子どもが大好きなおばけ。わかっているようでよくわかってない子どもの「おばけ感」をゆかいに歌っているうたです。
「だけどちょっと」の２小節は小さな声でヒソヒソと歌って、その後は元気よく。その緩急が子どもたちも楽しく歌えるコツです。

mf F C C7 F mf F C C7 F
ファファファファ ドラ ファソ　ソラ♭シド ♭シラ ソファ　ファファファファ ドラ ファソ　ソラ♭シラ ソファ レド
1.おばけなん てな いさ　おばけなん てう そさ
2.ほんとに おば けが　でてきた らどう しよう
3.だけどこ ども なら　ともだち にな ろう
4.おばけの とも だち　つれてあ るい たら
5.おばけの くに では　おばけだら けだっ てさ
ファ ラ ファ ♭シ　ミ ソ ド ♭シ ラ ファ　ファ ラ ファ ♭シ　ミ ド ラ ♭シ ラ
F C C7 F p C
ファファファファ ドラ ファソ　ソラ♭シド ♭シラ ソファ　ソソソソ ラソソソソ ラ
ねーぼけ たひ とが　みまちが えた のさ
れいぞうこ にい れて　かちかち にし ちゃおう
あくしゅを して から　おやつを たべ よう
そこらじゅう のひ とが　びっくり する だろう
そんなはな しき いて　おふろに はい ろう
だけどちょっ とだけどちょっ と
ファ ラ ファ ♭シ　ミ ソ ド ♭シ ラ ファ　ド ド
G C mf F C C7 F
ソ ファミ レドドドド　ファファファファ ドラ ファソ　ソラ♭シド ♭シラ ソファ
ぼ くだっ てこわいな　おばけなん てな いさ　おばけなん てう そさ
ド ド レ ミ　ファ ラ ファ ♭シ　ミ ソ ド ♭シ ラ ファ

南の島のハメハメハ大王

作詞：伊藤アキラ　作曲：森田公一

1976年にNHK『みんなのうた』に登場した定番曲。カメハメハ大王は実在したハワイの名君ですが、古い文献ではハメハメハと書かれている場合もあるそうです。しかし、この歌の大王は「その親戚」という設定だとか。右手の指くぐりだけ注意してください。

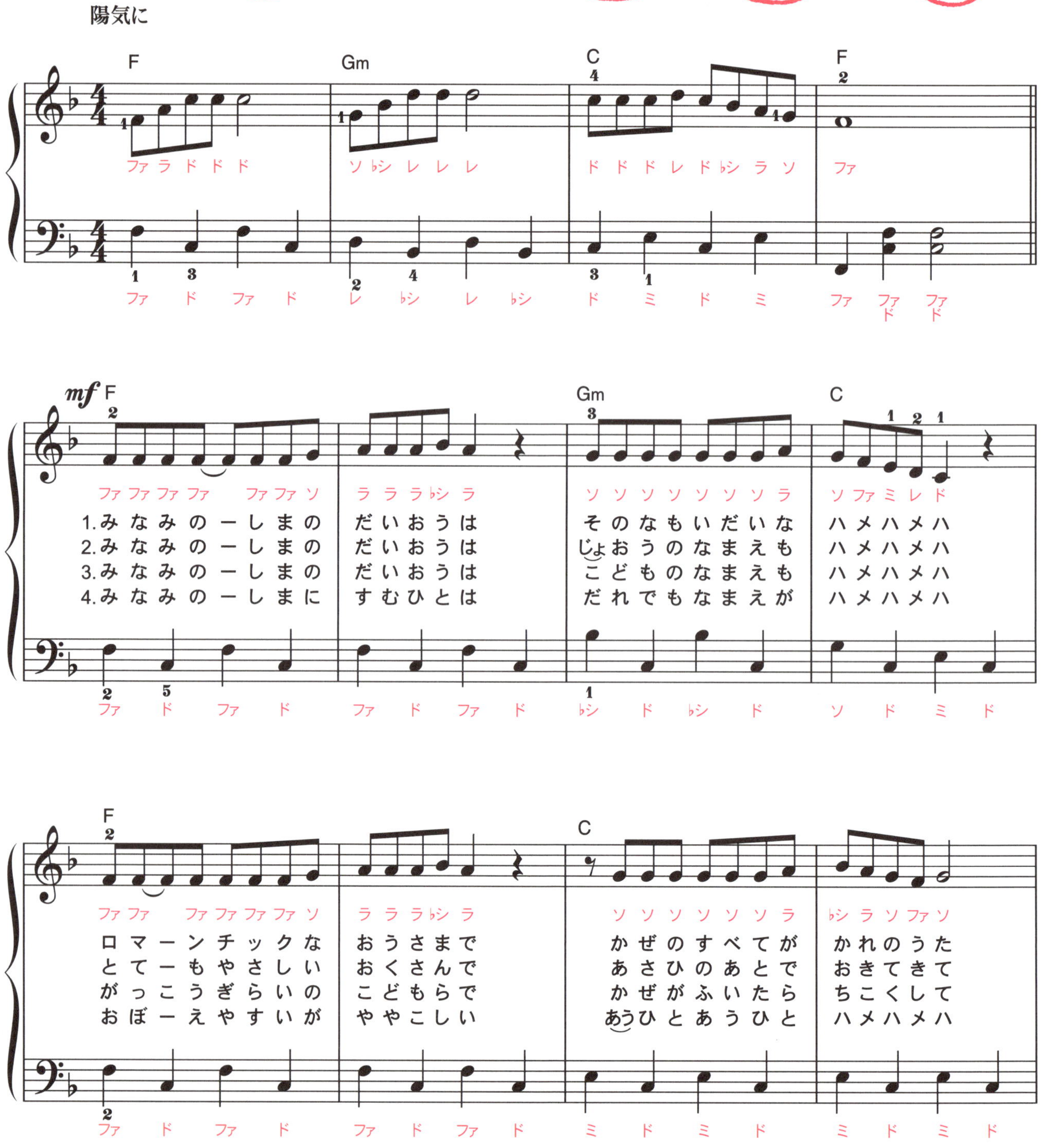

C
C7
F
F
ド ド ド ド ド ド ド
ド ド ミ ミ ファ
ファ ラ ド ド ド
ほしのすべてが かれのゆめ
ゆうひのまえに ねてしまう
あめがふったら おやすみで
だれでもだれでも ハメハメハ
ハメハメハ
ソ ド ソ ド
♭シ ド ファ ド
ファ ド ファ ド
Gm
C
F
ソ ♭シ レ レ レ
ド ド ド レ ド ♭シ ラ ソ
ファ
ハメハメハ
ハメハメハメハメ
ハ
レ ♭シ レ ♭シ
ド ミ ド ミ
ファ ファ ド ファ ド

アイ・アイ

作詞：相田裕美　作曲：宇野誠一郎

和音は種類が少ないので身構えなくてOKです。各段最後の左手のつなぎフレーズに注意して弾くと、次の歌い出しが楽になります。ちょっと難しい3段目だけしっかり弾けると、とてもじょうずに聞こえます。

元気よくはずむように

1.2. アーイアイ（アーイアイ）アーイアイ（アーイアイ）
おさるさーんだ よ
おさるさーんだ ね
アーイ アイ（アーイアイ）アーイ アイ（アーイアイ）
みなみのしまー の
このはのおうー ち
アイアイ（アイアイ）アイアイ（アイアイ）
しっぽのながい
おめめのまるい
アーイ アイ（アーイ アイ）アーイ アイ（アーイ アイ）
おさるさんだ よ
おさるさんだ ね

すいかの名産地

訳詞：高田三九三　外国曲

某テレビ番組で再び脚光を浴びた曲ですが、実は原曲が不明で、元の歌詞がどのようなものなのか不明です。
曲も『ゆかいな牧場』（P.210）と似ているために、元々同じ曲だったのか、違う曲だったのかもわからないなぞの多い曲です。

元気よく

1.ともだちが できた
2.ごがつの あるひ
3.とうもろこしの はなむこ
すいかのめいさんち
なかよし こよし
けっこんしきを あげよう
こむぎの はなよめ
すいかのめいさんち
すいかの めいさんち
すてきな ところよ
きれいなあのこ はれすがた
すいかのめいさんち

とんぼのめがね

作詞：額賀誠志　作曲：平井康三郎

右手で同じ音を連続で弾くフレーズが多いので、力んでたたきつけないように軽やかに弾きましょう。
右手が忙しいぶん、左手はイントロと７小節目の和音だけ注意すれば簡単です。

かろやかに
C F C C G C
ミ ソ ラ ソ ド ド ミ ミ レ レ ド レ ミ ミ ソ ソ ラ ソ ソ
1.とん ぼ の め が ね は み ず い ろ め が ね
2.とん ぼ の め が ね は ぴ か ぴ か め が ね
3.とん ぼ の め が ね は あ か い ろ め が ね
ソ ド ファ ド ミ ド ソ ミ ド ド ソ シ ソ ド ミ ファ ミ ミ
F C D7 G C G7 C
ド ド ラ ソ ラ ソ ソ ミ ミ レ ド レ ミ ソ ラ ソ ド
あ おいおそらを とんだから と ーんだ か ら
おて んとさーまを みてたから み ーてた か ら
ゆう やけぐーもを とんだから と ーんだ か ら
ラ ミ ♯ファ ソ ファ ミ レ ソ ド ソ シ ド ソ ミ ド

赤とんぼ

作詞：三木露風　作曲：山田耕筰

日本の情感をたっぷりと歌う名曲。赤トンボという虫にフォーカスを当てずに、その向こうにある風景をイメージして歌うと、また違ううたになってきますよ。左手が少し難しいですが、ペダルは踏める人はペダルを使ってゆったりと弾きましょう。

ゆったりと
Dm Am B♭ F C F
ラ レ ド レ ファ レ ド レ ド ラ ド ラ ファ ラ ソ ファ ファ
レ ラ ♭シ ラ ド ミ ファ ド ラ ド ファ
F B♭ F B♭ C F
ド ファ ファ ソ ラ ド ファ レ ド レ ファ ファ ソ ラ
1. ゆ う や け こ や け ー の あ か と ん ぼ
2. や ー ま の は た け ー の く わ の み を
3. じゅ う ご で ね え や ー は よ め に ゆ き
4. ゆ う や け こ や け ー の あ か と ん ぼ
ファ ド ファ ♭シ ラ ♭シ ド ファ ミ
Dm Am B♭ F C F
ラ レ ド レ ファ レ ド レ ド ラ ド ラ ファ ラ ソ ファ ファ
お わ れ て み た の ー は ー い つ の ー ひ ー か
こ か ご に つ ん だ ー は ー ま ぼ ろ ー し ー か
お さ と の た よ り ー も ー た え は ー て ー た
と ま っ て い ー る ー よ ー さ お の ー さ ー き
レ ラ ♭シ ラ ド ミ ファ ド ラ ド ファ

むしのおんがくかい

作詞・作曲：阿部直美

『虫のこえ』（P.86）とは対照的な秋の夜長の大音楽会。右手も左手もほとんどポジション移動はないので比較的簡単な曲です。左手の音が強くなると、重い感じになってしまうので注意しましょう。

軽快に
C F Am/F♯ G
ソ ラ ソ ラ ソ ラ ソ ミ ソ レ ド シ ラ ソ ラ シ ソ
1. ネッ
ミド ミド ミド ファ ♯ファ ソ ファ レ
C G G7 C
ド ド ド ド ド ド シ ラ シ シ シ ファ ファ シ シ シ シ レ ソ ソ
すすきのゆれてる のはーらで むし のおんがっ かい バイオ
スポットライトは おつきさま ドラ
おきゃくははくしゅで アンコール もっ
ド ソ ド ソ レ ソ レ ソ レ ソ レ ソ ド ソ ド ソ
C G G7 1.2. C
ド ド ド ド ド シ ラ シ ファ ファ ラ ソ ラ ソ ラ ソ ド ソ
リン ひくのはキリ ギリ スー ギコギコギッチョン チョン 2. ネッ
ム たたくはくつ わむ しー ガチャガチャガッチャン チャン 3. ネッ
きん たたくはコオ ロギ ーー コロコロコロリン
ド ソ ド ソ レ ソ レ ソ レ ソ レ ソ ド ソ ド

（注）「アンコール」は、拍手をしながら自由に繰り返します。

虫のこえ

文部省唱歌

虫の鳴き声のところは少し優しく弾いてかわいさアップ！　5、8小節目の左手は難しかったらなくてもだいじょうぶです。ただ、最後の2小節は前奏でもあるので、がんばって弾いてみましょう。

まつぼっくり

作詞：広田孝夫　作曲：小林つや江

秋の定番曲。3段目だけ少し難しいですが、とてもキレイなコード進行になってます。左手の四分音符はスタッカートぎみに弾くとかわいさアップ！　余談ですが、乾燥したまつぼっくりは、たき火のときによく燃えますよ。

秋

きのこ

作詞：まど・みちお　作曲：くらかけ昭二

不思議なオノマトペが楽しい曲。きのこの生態も学べるので、ぜひ子どもたちに歌ってほしい曲です。
きのこは食べるのが苦手…という園児も多いのでは？　この曲をきっかけに好き嫌いがなくなるといいですね。

元気よくはっきりと

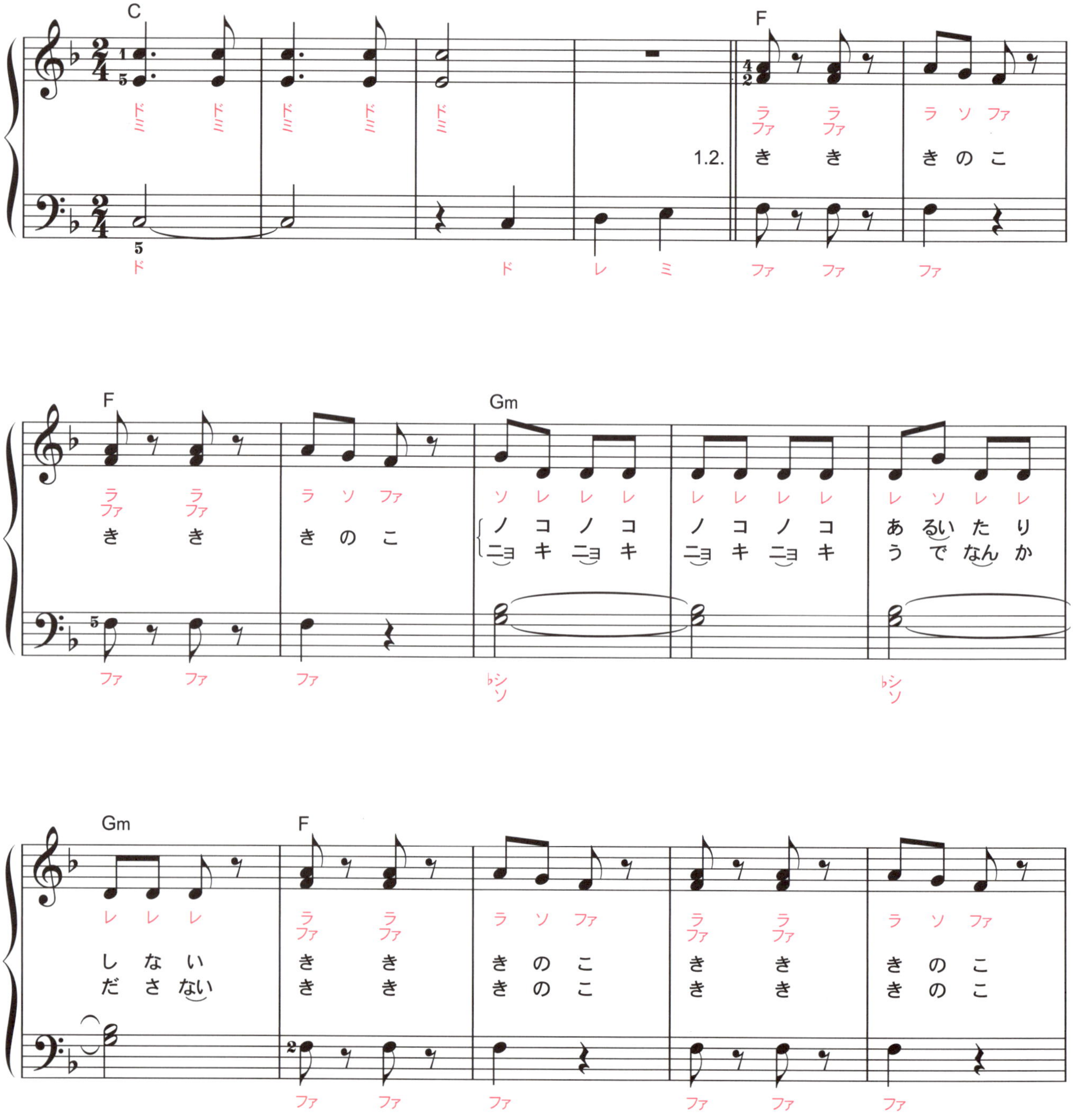

C F Dm
ソ ド ド ド ド ソ ド ド ド ド レ ミ ファ ラ ファ ファ
ノ コ ノ コ あ るい た り し な い け ど ぎ ん の
ニョ キ ニョ キ う で なん か だ さ な い が ぎ ん の
ミ ド ド ド レ ミ ファ ファ ファ レ
Dm Gm Dm
ファ ミ レ レ ♭シ ソ ソ ラ ラ ファ ファ ファ ミ レ レ
あ め あ め ふっ た ら ば せ い が の び て く
あ め あ め ふっ た ら ば か さ が お お き く
ファ レ ソ レ ファ レ ファ レ ファ レ
Dm C7 F
♭レ ド レ ド ♭ミ ド ミ ド ♭シ ド レ ミ ファ ファ ド ド ラ ラ ファ ファ
る る る る る る る る い き て る い き て る
な る な る な る な る
ミ ファ ソ ラ ラ ファ ラ ファ
Gm C7 F Dm C C7 F
ソ ソ レ レ ♭シ ♭シ ソ ソ ラ ソ ファ ラ ソ ソ ド ド レ ミ ファ
い き て る い き て る き の こ は い き て る ん だ ね
♭シ ソ ♭シ ド ファ レ ミ ド ♭シ ラ ファ

どんぐりころころ

作詞：青木存義　作曲：梁田貞

子どもの大好きなかわいらしい童謡です。よく「どんぶりこ」を「どんぐりこ」と勘違いされているうたなので、間違えないよう教えてあげましょう。『桃太郎』の「どんぶらこ」と同じ擬態語です。両手ともほとんどポジションの移動はないのでカンタンですよ。

やさしく
1.どんぐりころころ どんぶりこ おいけにはまって さあたいへん どじょうがでてきて こんにちは ぼっちゃんいっしょに あそびましょう
2.どんぐりころころ よろこんで しばらくいっしょに あそんだが やっぱりおやまが こいしいと ないてはどじょうを こまらせた

紅葉

文部省唱歌

風光明媚《ふうこうめいび》な秋の景色を歌った唱歌です。コードを見ると何やら難しそうに感じますが、実際に弾くのはとても簡単です。
２小節目と18小節目のファの音を伸ばしながら指をかえる部分だけ注意してください。

流れるように
1.あきのゆうひにてるーやまもみーじこいもうすいも
かずーあるなかにまつをいろどるかえーでやー
つたはやまのふもとのすそーもよう
2.たにのながれにちりーうくもみーじなみにゆられて
はなーれてよってあかやきいろいろーさまーざまに
みずのうえにもおるーにしき

まっかな秋

作詞：薩摩忠　作曲：小林秀雄

秋の日本の景色を美しく歌った童謡。地域によっては、なじみの薄い言葉もあるかもしれませんから、写真などを見せて説明してあげてください。あまり強く弾かずに、しっとりと秋に思いをはせるような演奏がキレイですよ。

しっとりと
C F F C F C
1.まっ か だ な まっ か だ な
2.まっ か だ な まっ か だ な
3.まっ か だ な まっ か だ な
F Dm Gm C F B♭ C F
つ た の は っ ぱ が まっ か だ な も み じ の は っ ぱ も まっ か だ な
か ら す う り っ て まっ か だ な と ん ぼ の せ な か も まっ か だ な
ひ が ん ば な っ て まっ か だ な と お く の た き び も まっ か だ な
C C7 F A7
し ー ず む ゆ う ひ に て ー ら さ れ て
ゆ ー う や け ぐ も を ゆ ー び さ し て
お ー み や の とり い を く ー ぐ り ぬ け

D Gm Gm G C C7
ラ レ ド ♭シ ♭シ ラ ソ レ ミ ファ ラ ソ
まーっ か な ほっ ぺ た の き ー み と ぼ く
まーっ か な ほっ ぺ た の き ー み と ぼ く
まーっ か な ほっ ぺ た の き ー み と ぼ く
♯ファ レ レ ミ ♯ファ ソ ♭シ ♭シ ソ シ ソ ド ミ ♭シ
F B♭ C C7 F
ラ ド ラ ソ ファ レ ド レ ミ ファ ソ ラ ファ
まーっ か な あ き に か こ ま れ て い る
まーっ か な あ き に よ び か け て い る
まーっ か な あ き を た ず ね て ま わ る
ファ ファ ソ ラ ファ ♭シ シ ミ ド ♭シ ド ラ ファ ド レ ミ ファ

つき

文部省唱歌

お月見シーズンの定番ソング。歌詞に「ぼんのような」とでてきますので、お盆の実物を見せて説明すると歌詞を理解しやすいですよ。
左手は5の指を固定して、ほかの指を動かす場所が何か所かあるので、そこは注意してください。

優雅に
C G C C F C
ドレミラソミ レミド ソミソミ ドレミ
1.でたでた つきが
2.かくれた くもに
3.またでた つきが
ミド ミド ファ ソ ミド ミド ミド ラド ♯ソ ソド
C G C G C
ソラソミソラソミ ソラソミレ ドレミラソミ レミド
まーるいまーるい まんまるい ぼーんのような つきが
くーろいくーろい まっくろい すーみのような くもに
まーるいまーるい まんまるい ぼーんのような つきが
ミド ミド ミド ソシ ファ ミド ミド ファ ソ ミド

うさぎ

わらべうた（補作詞　雪江隆）

日本の古風なイメージを出すために、和音も少し不思議な感じにしています。ペダルを使ってしっとりと演奏しましょう。
月の表面の模様の見え方は国によって違うのですが、なぜだかわかりますか？

優雅に
ミ ミ ラ シ ラ シ ミ ミ ミ ラ シ ラ シ
1.う さ ぎ う さ ぎ な に み て は ね る
2.う さ ぎ う さ ぎ な に し て な く の
3.う さ ぎ う さ ぎ な か ず に お い で
ドラ シミ ドラ シミ
ラ シ ド ド シ ラ ファ ミ ラ ファ ミ ファ ミ レ ミ
じゅう ご や お つき さ ま み て は ー ー ね る
か あ さ ん う さ ぎ を さ が して な ー く の
み ん な で か あ さ ん さ が して あ ー げ る
ドラ レ シ シミ

秋

こぎつね

訳詞：勝承夫　ドイツ民謡

コギツネのかわいらしいようすを歌った曲ですが、2～3番は少し寂しい感じの内容なんですよね。左手はあまり動かさなくてもいいので楽です。右手は最初の指くぐりと、左手は後半の弾き始めの1の指だけ間違えなければ詰まるところはないはずです。

やさしく
G C G7 C C
ソ ファ ファ ファ ファ ミ ミ ミ　ミ レ レ ミ ド　ド レ ミ ファ ソ ソ
1.こ ぎ つ ね コン コン
2.こ ぎ つ ね コン コン
3.こ ぎ つ ね コン コン
レ ソ ド ソ　シ ソ ミ ド　ミ ド　ミ ド　ミ ド
F C F C G C
ラ ファ ド ラ ソ　ラ ファ ド ラ ソ　ソ ファ ファ ファ ファ ミ ミ ミ
や ま の な か　や ま の な か　く さ の み つ ぶ し て
ふ ゆ の や ま　ふ ゆ の や ま　か れ は の き も の じゃ
あ な の な か　あ な の な か　お お き な し っ ぽ は
ファ ド　ミ ド　ファ ド　ミ ド　レ ソ ド ソ
G C G C G7 C
ミ レ ミ レ ド ミ ソ　ソ ファ ファ ファ ファ ミ ミ ミ　ミ レ レ ミ ド
お け しょ う し た り　も み じ の か ん ざ し　つ げ の く し
ぬ う に も ぬ え ず　き れ い な も よ う の　は な も な し
じゃ ま に は な る し　こ く び を か し げ て　か ん が え る
シ ソ ミ ソ　レ ソ ド ソ　シ ソ ミ ド

山の音楽家

訳詞：水田詩仙　ドイツ民謡

前半の左手は小指をファに置いたまま、ラシド→ドシラと繰り返しているだけなので簡単です。スタッカートのところは楽器のイメージに合わせて軽快にはねられればステキです。どうしても１６分音符で指が転んでしまう人は弾かなくてもだいじょうぶ。

ほがらかに
1.わ
たしゃおんがくかや まのこりす じょ
たしゃおんがくかや まのうさぎ じょ
たしゃおんがくかや まのことり じょ
たしゃおんがくかや まのたぬき じょ
たしゃおんがくかや まのなかま じょ
うずにバイオリンひ いてみましょう キュキュ キュ キュ キュ キュキュ キュ キュ キュ キュキュ
うずにピアノをひ いてみましょう ポ ポ ポロン ポロン ポロン ポ ポ ポロン ポロン ポロン ポ ポ
うずにフルートふ いてみましょう ピ ピ ピ ピ ピ ピ ピ ピ ピ ピ ピ ピ
うずにたいこをたた いてみましょう ポ コ ポン ポン ポン ポ コ ポン ポン ポン ポ コ
うずにそろえてひ いてみましょう タ タ タン タン タン タ タ タン タン タン タ タ
1.～4.
5.
キュ キュ キュ キュキュ キュ キュ キュ い かーがです 2.わ
ポロン ポロン ポロン ポ ポ ポロン ポロン ポロン い かーがです 3.わ
ピ ピ ピ ピ ピ ピ ピ ピ い かーがです 4.わ
ポン ポン ポン ポ コ ポン ポン ポン い かーがです 5.わ
タン タン タン タ タ タン タン タン い かーがです

赤鬼と青鬼のタンゴ

作詞：加藤直　作曲：福田和禾子

『みんなのうた』で紹介された、コミカルなのに秋の哀愁を感じる名曲。難しいと感じた場合、右手の和音の下のほうはすべて省略してもだいじょうぶです。でも、この曲でいちばん難しいのはうたのない部分なのでがんばりましょう！

歯切れよく

Dm E Am
(レ) レ レ ミ レ ド シ ソ ミ ラ ソ ラ ソ ラ
かぜにのって とどいた ー ー ー ー
やまびこどんどこ とどいた ー ー ー ー
ファ ソ (ソ) ミ (ミ) ミ ミ ミ ミ ミ ミ ミ ミ ミ ミ
ラ ラ ラ ラ ラ ラ ラ ラ ラ ラ
Dm Am
レ レ ド ド レ ラ ド レ レ レ レ レ ラ ラ ソ ソ ラ ミ ソ ラ ラ ラ ラ ラ
つのつのいっぽん あかおにどん つのつのにほん あおおにどん
ラ ラ ラ ラ ラ ミ ミ ミ ミ ミ
レ レ レ レ レ ラ ラ ラ ラ ラ
Dm Em Dm F E
レ ミ レ ミ ソ ミ ソ ラ ド ラ ド レ ド レ ミ ミ レ レ ミ
#ソ #ソ #ソ #ソ #ソ
こころうーかれて こころうーかれて おどりだすー
ラ シ ラ ド ミ ミ ファ
レ ミ レ ファ
E Am E E7
ミ ミ ミ ミ ラ ド シ ミ ファ ミ ミ ミ ミ #ソ シ レ
つきのひとみ ロンロンロンロン だんだらつの
ミ レ ド シ ミ ミ ミ ミ ミ ミ ミ ミ ミ ミ ミ ミ
ラ ラ ラ ラ (ミ) (ミ) (ミ) (ミ) #ソ #ソ #ソ #ソ

赤鬼と青鬼のタンゴ

Am A Dm Am
ツン ツン ツン ツン
あぁ
よ る は い ま ー
お ど ー って る ー
ゆ め ご こ ち ー
1. E Am Dm Am
タ ン ゴ の リ ズ ム
E Am E
2. E
タ ン ゴ の
E D E Am Am E Am
リ ズ ム

バスごっこ

作詞：香山美子　作曲：湯山昭

手遊びとして使える曲です。最初の２小節は運転するマネを、それ以降は歌詞に合わせていろいろと遊びましょう。
（　）の歌詞は弾かなくてOKです。３番の歌詞にだけ休符になる場所があります。そこも弾かなくてOKです。

あかるく元気よく
Gm　C　F　C　F　C7　F　C7　F　Gm　F　C　F　F
1.~3.
おお が た バ ス に のっ て ま す
きっぷ を じゅん に わ た し て ね お と な り へ （ハイ） お と な り へ （ハイ）
いろんな と こ が み え る の で よ こ む い た （ア） う え む い た （ア）
だんだん み ち が わ る い の で ごっ（𝄾）つ ん こ （ドン） ごっ（𝄾）つ ん こ （ドン）
お と な り へ （ハイ） お と な り へ （ハイ） お わ り の ひ と は
し た む い た （ア） うしろ む い た （ア） う し ろ の ひ と は
ごっ（𝄾）つ ん こ （ドン） ごっ（𝄾）つ ん こ （ドン） お し く ら ま ん じゅう
1.2.　3.
ポ ケ ッ ト に！
ね ー む っ た！
ギュ ッ ギュ ッ ギュッ！

ピクニック

訳詞：萩原英一　作曲：イギリス民謡

昔からなじみのある曲ですが元はイギリス民謡だそうです。動物の名前をいろいろなものに入れかえて、この動物だったらどんな鳴き声かな？という遊び方もできますよ。「ふきつつ」の右手の指くぐりだけ注意しましょう。

C D D7 G C G
ミ レ ド ラ レ レレレ レ レ ド シ ラ ソ ソ ソ ソ ソ ミ レ ミ ソ ソ ラ
て を と り ラ ラララ ラ ラ ラ ラ ラ
ラ ラ ラ ラ あ ひ る さ ん ガガガガー ラ ラ
ラ ラ ラ ラ い ぬ く ん も ワンワンワンワン ラ ラ
ド ミ/ド ♯ファ/レ レ/ソ レ/ソ ド/ソ ド/ソ シ/ソ シ/ソ シ/ソ シ/ソ
G D D7 G G/F
シ シ シ シ レ シ ラ ソ ラ シ ド レ レ レ レ レ シ ラ ソ
ラ ラ ラ ラ や ぎ さ ん も メーーエ
ラ ラ ラ ラ ぶ た く ん も ブブブブー
ラ ラ う た ご え あ わ せ よ
ソ/レ ソ/レ ソ/レ ソ/レ ♯ファ/レ ♯ファ/レ ♯ファ/ド ♯ファ/ド ソ/シ ソ/シ ファ/シ ファ/シ
C A7/C♯ G D G
ミ ソ ソ ソ ラ ソ ♯ファ ミ レ シ シ レ ラ ラ ソ
あ し な み そ ろ え よ きょ う は ゆ か い だ
ミ/ド ミ/ド ミ/♯ド ミ/♯ド ソ/レ ソ/レ ♯ファ/レ ♯ファ/レ ソ レ シ レ ソ

秋

くいしんぼゴリラのうた

作詞：阿部直美　作曲：おざわたつゆき

全体的に同じ音の連打が多いので指をかえて対応しましょう。最後の加速していく部分の連打は特に難しいので、最初から速くするとあまり差が出にくくなります。ゆっくりと弾き始めるようにしましょう。

3.
だんだんはやく
C
5 3 2 1
ソ ソ ド ド ド
か わ む い て
ソ ソ ド ド ド
か わ む い て
ソ ソ ド ド ド
か わ む い て
ソ ソ ド ド ド
か わ む い て
ミ ド
ミ ド
ミ ド
ミ ド
もとのテンポにもどる
f
C7
3 3 2
ソ ソ ソ ド ド ド ♭シ
た べ る と こ ろ が
ミ ド
F
ラ ソ ファ
なく なっ た
ド ミ ファ
C
1 2 1
ソ ソ ソ ソ ソ
ドン ド コ ドン ドン
ソ ファ
C
ソ ソ ソ ソ ソ
ドン ド コ ドン ドン
ミ レ
ド
ウェー
ド ミ
F
ファ
ン
ラ ファ
ラ ファ

（注）「3.　　　　　　　　の「かわむいて」は、自由にリピートします。

やきいもグーチーパー

作詞：阪田寛夫　作曲：山本直純

秋のイベント「おいもほり」に使え、ジャンケンの手遊びうたとしても使える便利な曲。左手のレから降りて１から４への指の入れかえがある場所は、ちょっと難しい場所なので、練習してスムーズに指がかえられるようにしましょう。

百才のうた

作詞・作曲：峯陽

敬老の日のイベントなどに歌える曲です。子どもの元気をおじいちゃんやおばあちゃんにあげる気持ちで歌いましょう。
左手は簡単ですが、右手は下がってくる音階の中で指をくぐらせる場所が多いので気をつけましょう。

元気よく
ひゃくまでいきたら いいだろな
おおきなケーキに ろうそくを
ひゃっぽん たてて たべるんだ
ドンドンおおきく なるからね
そのうちかならず おいつくよ
おばあちゃんも おじいちゃんも
げんきにまーってて いてね

うんどうかい

作詞：三越左千夫　作曲：木原靖

運動会の最初に歌える元気なうた。クラスに分かれて１番と２番で交代して歌いましょう。左手の分散和音のところだけ少し大変です。広い場所で早く歌うと聞いているほうも聞きづらいので、落ち着いてゆっくりと弾きましょう。

元気よく
C
ド ド ド ソ ラ シ
ド ド ド
C
ソ ミ ファ ソ ミ ファ
1.2. まっ て た まっ て た
C F
ソ ド ラ
うん どう かい
C
ソ ミ ソ ミ
ワー イ ワー イ
G G7
レ レ レ レ レ
あ か ぐ み だ
し ろ ぐ み だ
C
ミ ソ ミ レ ミ ソ
つ な ひ き だっ て
か け っ こ だっ て
ド ソ ミ ソ ド ソ ミ ソ
F
ラ ラ ラ ソ ド
ま け な い ぞ
ま け な い ぞ
ド ラ ファ ラ ド ラ ファ ラ
C
ド ド ド ソ ラ シ
フレ フレ フレ
ド ド ド
フレ フレ フレ

はしるの大すき

作詞：まど・みちお　作曲：佐藤眞

ソからレ・ミに跳躍する部分や「はしるのだいすき」の音の移動が少し難しいうたです。
最初はゆっくりと弾いて、確実に高い音に声が届くようにしてあげましょう。4～5歳児向けの曲です。

たきび

作詞：巽聖歌　作曲：渡辺茂

有名なイントロですが、少し難しいので弾けない人は最後の２小節を前奏にしてください。
「あたろうかあたろうよ」の部分は少し優しく弾いて、子どもたちのかわいらしさを演出すると情感たっぷりでキレイです。

なめらかに
C F G7 C
ソ ラ ソ ミ ソ ラ ソ ミ　ソ ド ミ ド レ ド シ ラ　ソ ラ ソ ド ミ ファ ソ ファ　ミ レ ド
ミ ファ ミ ド ミ ファ ミ ド　ミ #ファ　ソ ラ ファ　ソ ファ ミ ド
C G C F G C
ソ ラ ソ ミ ソ ラ ソ ミ　ド レ ミ ミ レ　ミ ソ ソ ソ ラ ド ド ド　ソ ラ ミ レ ド
1. か き ね の か き ね の　ま が り か ど　た き び だ た き び だ　お ち ば た き
2. さ ざ ん か さ ざ ん か　さ い た み ち　た き び だ た き び だ　お ち ば た き
3. こ が ら し こ が ら し　さ む い み ち　た き び だ た き び だ　お ち ば た き
ド ソ ミ ソ　ド ソ ファ ソ　ド ソ ファ ラ　ミ ファ ソ ファ ミ ド
mp G C mf F C G C
レ ミ ファ ミ レ　ミ ソ ソ ミ ソ　ド ド ド ラ ソ ド　ミ レ レ ド
あ た ろ う か　あ た ろ う よ　き た か ぜ ぴい ぷう　ふい て い る
あ た ろ う か　あ た ろ う よ　し も や け おて てが　もう か ゆ い
あ た ろ う か　あ た ろ う よ　そ う だ ん しな がら　ある い て く
シ ソ レ ソ　ド ソ ミ ソ　ファ ミ　ソ ファ ミ ド

北風小僧の寒太郎

作詞：井出隆夫　作曲：福田和禾子

『みんなのうた』で放送されて人気を博した曲。右手が意外と難しいので、その分左手はカンタンにしてあります。左手でビート感が出しにくいので、右手でしっかりとリズム感を出していくようにしましょう。

歩くはやさで

北風小僧の寒太郎

C F
ミ ミ ソ ソ ソ ソ ラ ソ ラ
やってきた ー ー
ひとりたび ー ー ヒュ ウーン ヒュ ウーン
ないている ー ー
ド ミ ド ミ ド ミ ド ラ ファ ラ ファ ラ ファ ラ ファ
F Em F6
ラ ラド ラ ド ラド ラド ラ ソ ラ ミ レ ミレ ドラ
ヒュ ルルーン ルンルンルンルンー
ふゆで ござんーす
さむう ござんーす
ゆきで ござんーす
ラ ファ ラ ファ ラ ファ ラ ファ ソ ミ ファ
G G7 C C6
ソ ソラ ソラ ド ドソ ドラ
ヒュ ルルルルル ルン
ソ ファ ド ミ ド ミ ド ミ ド

あわてん坊のサンタクロース

作詞：吉岡治　作曲：小林亜星

日本生まれのクリスマスソングの定番。情景を思い浮かべやすく、子どもたちも楽しめる曲。合唱曲としても使えるので、クリスマスイベントで子どもたちが歌うのに最適です。３段目の左手は移動が多いので、指使いを間違えないように気をつけましょう。

元気よく
1.~5.あわてんぼうのサンタクロース
1. クリスマスまえに やってきた いそいでリンリンリン いそいでリンリンリン ならしておくれよ かねを リンリン リンリンリン リンリン リン
2. えんとつのぞいて おっこちた あいたたドンドンドン あいたたドンドンドン まっくろくろけの おかお ドンドン ドンドンドン ドンドン ドン
3. しかたがないから おどったよ たのしくチャチャチャ たのしくチャチャチャ みんなもおどろよ ぼくと チャチャ チャチャチャ チャチャ チャ
4. もいちどくるよと かえってく さよならシャラランラン さよならシャラランラン タンブリンならして きえた シャララン ランシャラランラン シャララン ラン
5. ゆかいなおひげの おじいさん リンリンリンチャチャチャ ドンドンドンシャラランラン わすれちゃだめだよ おもちゃ シャララン リンチャチャチャ ドンシャラ ラン

ジングルベル

作詞・作曲：ジェームズ・ピアポント　訳詞：宮澤章二

右手は3～10小節目は元気に弾むように、11～18小節目は流れるように弾くとめりはりがしっかり出てじょうずに聞こえます。
また11～18小節目の左手のスタッカートは、鈴を鳴らすイメージでシャンシャンと軽快に弾きましょう。

B♭ C C7 F B♭
レ ♭シ ラ ソ ミ ド レ ド ♭シ ソ ラ ド ド ラ ソ ファ ド ド ド ラ ソ ファ レ レ
きのなかを か るくはやく わ らいごえを ゆ きにまけば あ
きもしろく か ぜもしろく う たうこえは と んでいくよ か
♭シ ド ド ド ♭シ ド ド ド ラ ラ ラ ラ ラ ♭シ ♭シ ♭シ
ファ ソ ソ ソ ミ ファ ファ ファ ファ ファ ファ ファ ファ ファ ファ ファ
B♭ C C7 F C F B♭ F
レ ♭シ ラ ソ ド ド ド ド レ ド ♭シ ソ ファ ド ミ ラ ラ ラ ラ ラ ラ ラ ド ファ ソ ラ
かるいひかりのは なになるよ
がやきはじめたほ しのそらへ
ジングルベル ジングルベル すずがなる
ファ ミ ド レ ミ ファ ド ファ ファ ファ ファ ファ ファ ファ ♭シ ファ ラ
Gm F G7 C F
♭シ ♭シ ♭シ ♭シ ♭シ ラ ラ ラ ラ ソ ソ ラ ソ ド ミ ラ ラ ラ ラ ラ ラ
すずの リズムにひか りのわがまう ジングルベル ジングルベル
ソ ファ ファ ミ ド ファ ファ ファ ファ ファ ファ
F B♭ F Gm F C F
ラ ド ファ ソ ラ ♭シ ♭シ ♭シ ♭シ ♭シ ラ ラ ラ ド ド ♭シ ソ ファ
すずがなる もりにはやしにひ びきながら
ファ ♭シ ファ ラ ソ ファ ド レ ミ ファ (ファ) ファ

赤鼻のトナカイ

作詞・作曲：ジョニー・マークス　訳詞：新田宣夫

クリスマスの定番ソングのひとつ。意外なことに海外の児童書が原案のうたで、トナカイの名前はルドルフです。日本には1961年に『みんなのうた』で紹介されたのが始まり。編曲はカンタンですが、全体的に軽やかに弾いて楽しい気分を盛り上げましょう。

RUDOLPH THE RED-NOSED REINDEER（赤鼻のトナカイ）
Words & Music by John D Marks

サンタは今ごろ

作詞：名村宏　作曲：石川たいめい

左手は珍しくウラ拍を刻む曲なので、まずは右手をしっかりとノリよく弾いて、右手でリズム感を引っ張れるようにしましょう。左手の和音も少し移動が多い場所があるので、休符の間にしっかりと次に移動できるようにしましょう。

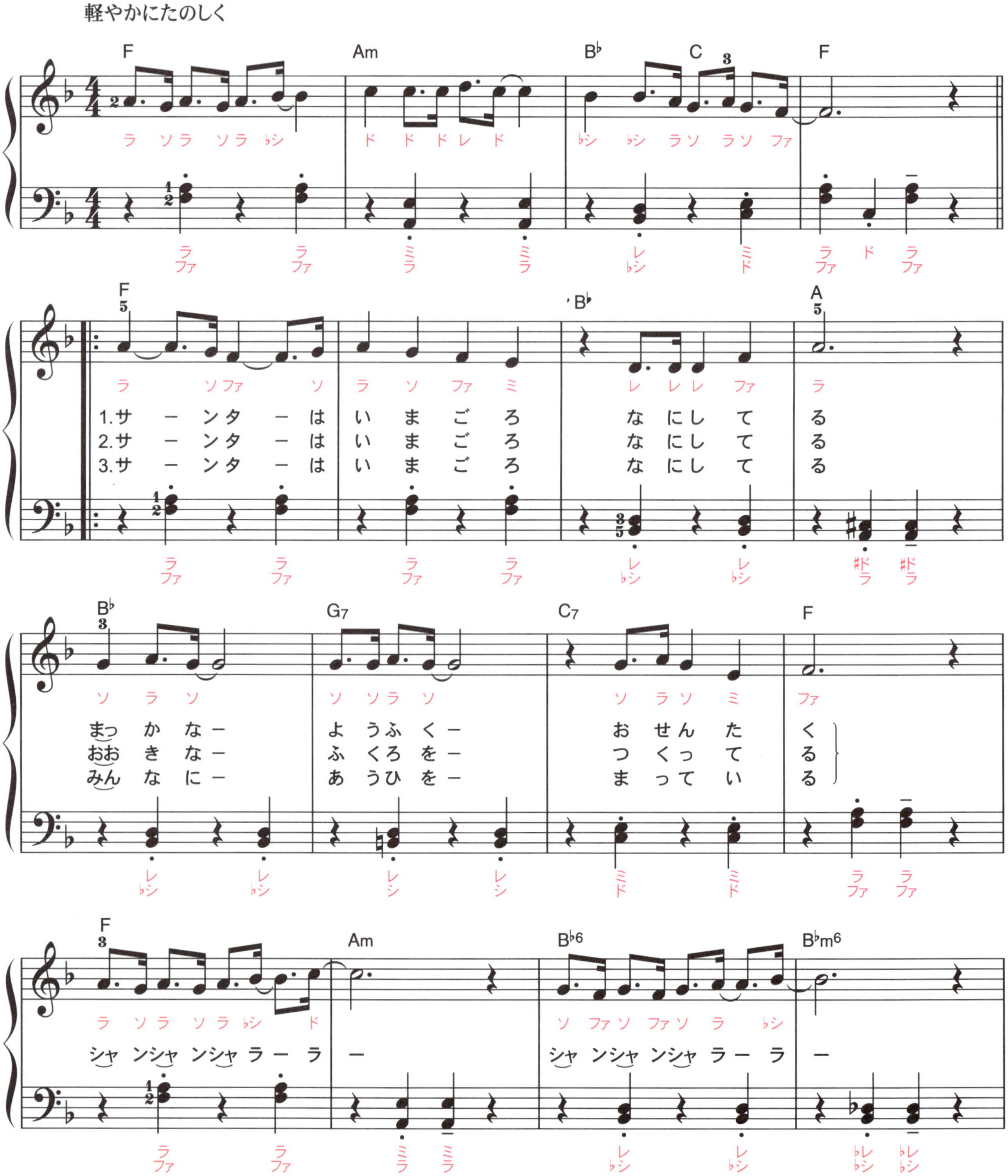

F Am B♭ C 1.2. F
ラ ソ ラ ソ ラ ♭シ ド ド ド レ ド ♭シ ♭シ ラ ソ ラ ソ ファ
シャン シャン シャラー シャン シャン シャラー シャン シャン シャラ ラ ラ ー
ラ ファ ラ ファ ミ ラ ミ ラ レ ♭シ ミ ド ラ ファ ド ラ ファ
3. F F Am B♭6
ファ ラ ソ ラ ソ ラ ♭シ ド ソ ファ ソ ファ ソ ラ ♭シ
ー シャン シャン シャラー ラ ー シャン シャン シャラー ラ
ラ ファ ド ラ ファ ラ ファ ラ ファ ミ ラ ミ ラ レ ♭シ レ ♭シ
B♭m6 F Am
ラ ソ ラ ソ ラ ♭シ ド ド ド レ ド
ー シャン シャン シャラー シャン シャン シャラー
♭レ ♭シ ♭レ ♭シ ラ ファ ラ ファ ミ ラ ミ ラ
B♭ C 1. F 2. F
♭シ ♭シ ラ ソ ラ ソ ファ ド レ ミ ファ ミ ファ ソ ファ ラ
シャン シャン シャラ ラ ラ ー ー
レ ♭シ ミ ド ラ ファ ラ ファ ラ ファ ファ

お正月

作詞：東くめ　作曲：滝廉太郎

12月は園のクリスマス行事と重なり、なかなか歌う機会のない曲。
ですが、日本の伝統の遊びが歌詞に入っていますので、ぜひ歌ってください。「おいばね」は羽子板遊びのことです。

はれやかに

たこの歌

文部省唱歌

1月にたこ遊びをされる園も多いのでは？　そんなときにたこ作りといっしょにこのうたを歌って、気分を盛り上げましょう。左手を軽やかに弾いて重い感じにならないようにしましょう。たこのように軽やかに！

あかるく
1.た こ ー た こ ー
2.え だ ー こ に ー
3.あ れ ー あ れ ー
あ が れ か ぜ よ く う け て く も ー
じ だ こ ど ち ら も ま け ず く も ー
さ が る ひ け ひ け い と を あ れ ー
ま で ー あ が れ て ん ま で あ が れ
ま で ー あ が れ て ん ま で あ が れ
あ れ ー あ が る は な す な い と を

もちつき

作詞：小林純一　作曲：中田喜直

お正月の準備の風物詩であるもちつきのようすを描いた楽しい曲です。歌詞に合わせて振り付けでもちつきのまねをすると楽しいですよ。「のしもち」は伸ばした大きなもちを四角に切ったもので、地方によってはなかったりします。

明るく
1.2.も ち つ き ぺっ たん こ
そ れ つ け ぺっ たん こ
つ い た ら
つ い た ら
の ば ー し て の し も ち ぺっ たん こ
ま る ー め て かが み も ち ぺっ たん こ

雪

文部省唱歌

楽譜で見ると少し難しそうに見えますが、単にリズミカルにはねているだけなのでノリで弾けばだいじょうぶですよ。
左手の和音の移動は常に１音は共通なので、変わるほうだけを覚えておけば楽になります。

やわらかく軽快に

1.ゆーきやこんこ あられやこんこ ふってはふっては ずんずんつもる
2.ゆーきやこんこ あられやこんこ ふってもふっても まだふりやまぬ
やーまものはらも わたぼうしかぶり かれきのこらず はながさく
いーぬはよろこび にわかけまわり ねこはこたつで まるくなる

雪のこぼうず

訳詞：村山寿子　外国曲

『いとまきのうた』とまったく同じ曲なので、冬のうたとして歌うならこの曲で、手遊びうたがやりたいなら『いとまきのうた』として演奏しましょう。１曲マスターすると二度おいしい曲です。「つるりとすべって」の部分だけ少し指を広げないと届かないかもしれませんね。

やさしく
F C G7 C C
ファ ファ ミ ミ レ レ ド ソ ソ ソ ソ ミ ド ミ
1. ゆ き の こ ぼ う ず
2. ゆ き の こ ぼ う ず
3. ゆ き の こ ぼ う ず
ラド ソド ファド ファド ミド ミド ミド
C F C G7 C
ソ ソ ソ ソ ミ ド ミ ファ ミ ミ レ レ ド
ゆ き の こ ぼ う ず や ね に お り た
ゆ き の こ ぼ う ず い け に お り た
ゆ き の こ ぼ う ず く さ に お り た
ミド ミド ラ ソ ファ ファ ミド
G7 C F C G7 C
レ レ ソ ソ ド ミ ソ ファ ファ ファ ミ ミ レ レ ド
つ る り と す べっ て か ぜ に のっ て き え た
す る り と も ぐっ て み ん な みん な き え た
じ ー っ と す わっ て み ず に なっ て き え た
ソ ファ ミド ミド ミド ラド ソド ファド ファド ミド

ゆきのペンキやさん

作詞：則武昭彦　作曲：安藤孝

一面がまっ白に染まるほどの豪雪地帯は多くはないですが、やっぱり子どもには雪は心躍るイベントですよね。
最近は「ごもん」がある家が少ないですから、ひと言説明してあげましょう。雪のように軽快に弾くとかわいいですよ。

ペンギンちゃん

作詞：まど・みちお　作曲：中田喜直

ペンギンの模様をタキシードに見たてて、ペンギンがかわいく歩く姿を歌った曲。
タキシードというおめかしに合わせて「ぼうし」と「ステッキ」が曲中に出てきます。

ゆきダルマのチャチャチャ

作詞・作曲：多志賀明

リズムを体で取りながら、拍手もタイミングよくノリノリで歌えるようにしましょう。チャチャチャの部分は弾かないで、子どもたちといっしょに手をたたいてもOKです。２番のパパゴン・ママゴンはちょっと解説が必要ですね。

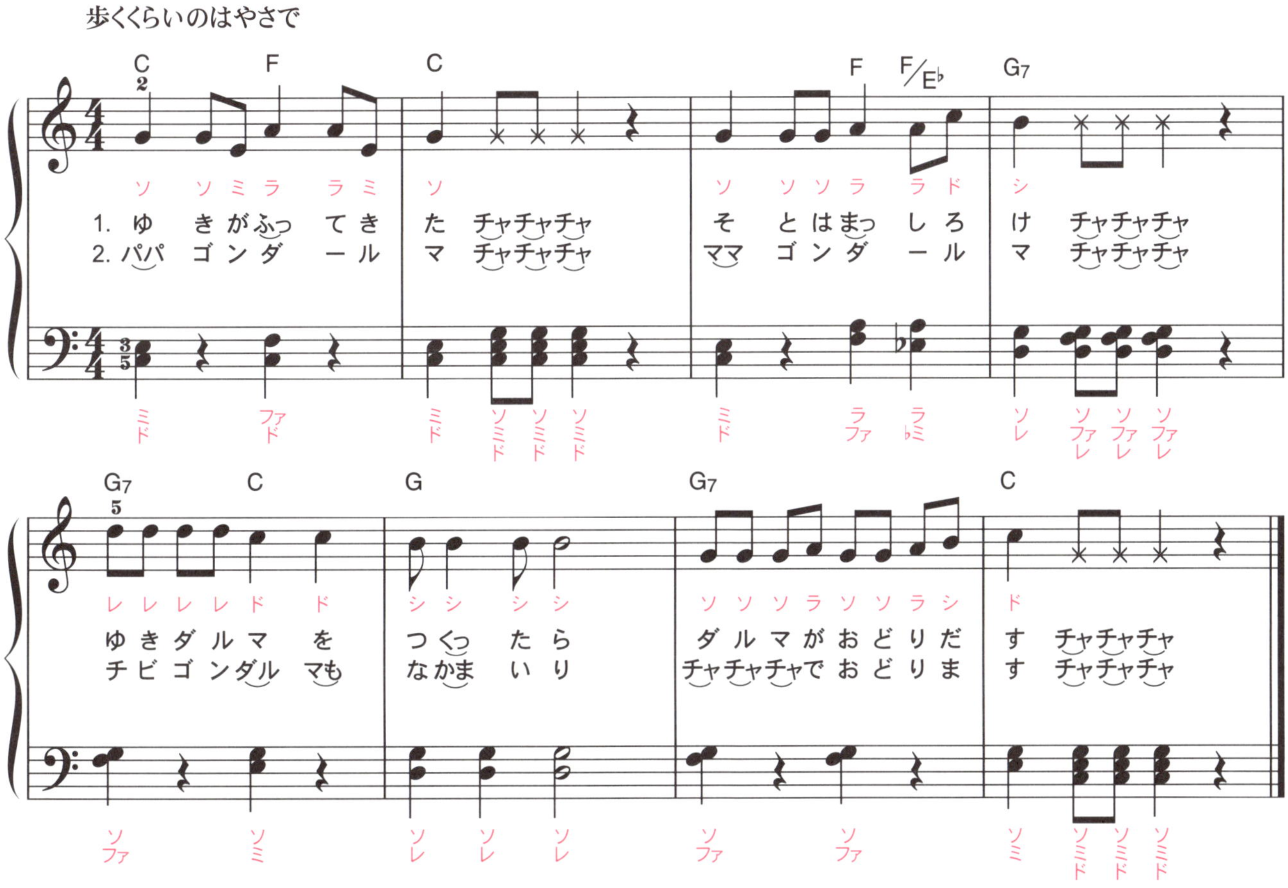
歩くくらいのはやさで
C F C F F/E♭ G7
1. ゆ きがふっ て き た チャチャチャ そ と は まっ し ろ け チャチャチャ
2. パパ ゴ ン ダ ー ル マ チャチャチャ ママ ゴ ン ダ ー ル マ チャチャチャ
G7 C G G7 C
ゆ き ダ ル マ を つ くっ た ら ダ ル マ が お ど り だ す チャチャチャ
チ ビ ゴ ン ダル マも なかま い り チャチャチャで お ど り ま す チャチャチャ

遊び方

2重円をつくり、内側と外側の子が手をつないで、反時計回りに進みます。

1 ゆきがふってき

4歩前進する

2 た

両手でひざをたたく

3 チャチャチャ

向い合って3回手を合わせる

4 そとはまっしろけ チャチャチャ

1～3までを繰り返す

5 ゆきダルマをつくったら

背中合わせにひと回り

6 ダルマがおどりだ

向い合ってツイストする

7 す

向い合って両ひざをたたく

8 チャチャチャ

3と同様にする

ゆげのあさ

作詞：まど・みちお　作曲：宇賀神光利

大人がゆううつな寒い朝でも、子どもには楽しい景色がいっぱいです。でも、鼻から湯気はそうとう寒くないと出ませんけどね。
右手は３段目の最後の部分の指の入れかえを注意しないと詰まるので注意しましょう。

やわらかく
F　C　G7　C　C
1. おはよう
2. こども　も
3. おはよう
C　F　C　Dm
おはよう　ゆげがでる
おとな　も　ほらいぬも
おはよう　みんなおいで
はなから　くちから
G　C　F　C　G7　C
ぽっぽっぽ　ぽっぽっぽ
きしゃぽっぽ　みたいで　ゆかいだ　な
きしゃぽっぽ　みたいで　ゆかいだ　な
きしゃぽっぽ　しゅっぽっぽで　あそぼう　よ

こんこんクシャンのうた

作詞：香山美子　作曲：湯山昭

いろいろな動物の大きさに合わせたマスクを指で作る有名な手遊びうた。１曲の中で声を大きくしたり小さくしたりと、子どもたちのボリュームコントロールの練習にもなりますので、保育者もクレッシェンドがスムーズに表現できるようにしましょう。

C7 F F F C F C7 F Dm C7 F
p mf p mf p
1.リスさんが マスクした ちいさい ちいさい ちいさい ちいさい マスクした
2.つるさんが マスクした ほーそい ほーそい ほーそい ほーそい マスクした
3.ぶうちゃんが マスクした まあるい まあるい まあるい まあるい マスクした
4.かばさんが マスクした おおきい おおきい おおきい おおきい マスクした
5.ぞうさんが マスクした なーがい なーがい なーがい なーがい マスクした
コンコンコンコン クシャン

おにのパンツ

作詞：不詳　作曲：L.デンツァ

原題は『フニクリ・フニクラ』で1880年にイタリアのケーブルカーの宣伝のために作られた曲ですが、なぜか日本ではなぞの歌詞が付いてしまいました。コードやリズムが少し難しいのはイタリア歌曲がベースになっているからです。

C G C G
ソ ソ ラ ラ ミ ミ ミ ミ レ ド ド ミ レ ド
わ で で き て い る つ よ い ぞ つ よ い
ミ ド ミ ド ミ ド ミ ド ミ ド レ ソ ミ ド ミ ド ミ ド レ ソ
C E B E B
ド ミ ミ ミ #ファ #ファ ミ ミ #ファ #ファ
ぞ ー ご ね ー ん は い て も や ぶ
ミ ド ミ ド ミ ド ミ ド ミ シ ミ シ ミ シ ミ シ ミ シ ミ シ
E F# B F# B
ミ ミ ミ シ シ シ シ シ シ シ シ
れ な い つ よ い ぞ つ よ い ぞ
ミ シ ミ シ ミ シ #ド #ファ #レ シ #レ シ #レ シ #ド #ファ #レ シ #レ シ
B G D G D G
ソ ソ ソ ラ ラ ソ ソ ラ ラ ソ ソ ソ
ー じゅう ね ー ん は い て も や ぶ れ な い
#レ シ #レ シ レ ソ レ ソ レ ソ レ ソ レ ソ レ ソ レ ソ レ ソ

おにのパンツ

G D G D G
レ レ レ レ レ レ レ レ
ー つ よ い ぞ つ よ い ぞ ー
レソ ラレ レソ レソ レソ ラレ レソ レソ レソ レソ
G
シ シ ラ シ シ ラ ラ ド シ ラ ド シ シ シ ラ
は こ う は こ う お に の パ ン ツ は こ う
レソ レソ レソ レソ レソ レソ レソ
G C E Am
シ シ ラ ラ ド シ ラ ド ソ ミ ミ ミ ミ ミ ミ ミ ミ ミ ミ ミ
は こ う お に の パ ン ツ あ な た も わ た し も あ な た
レソ レソ レソ ソド ソド ♯ソミ ♯ソミ ラド ラド
E/B Am F C G C
ミ ミ ミ ミ ド レ ド ラ ド ソ ミ ミ ファ ソ ファ ミ レ ド
も わ た し も み ん な で は こ う お に の パ ン ツ
♯ソシ ♯ソシ ミラ ドファ ドファ ドソ ドソ シソ シソ ミド

遊び方

1 おにの

両手のひとさし指を
頭に立てて鬼のつのに

2 パン

拍手を1回する

3 ツは

チョキを出す

4 いい

右手で1を示す

5 パンツ

2と3と同じ

6 つよいぞ　つよいぞ

両腕を曲げて上下に動かす

7 トラのけがわでできている

おなかに手を当てて円を描く

8 つよいぞ　つよいぞ

6と同じ

9 ごねん

右手で5を示す

10 はいても

パンツをはくしぐさをする

11 やぶれない

片手を左右に振る

12 つよいぞ　つよいぞ

6と同じ

13 じゅうねん～
つよいぞつよいぞ

両手で10を示した後、
10～12を繰り返す

14 はこうはこうおにのパンツ
（2回繰り返す）

パンツをはくしぐさを2回繰り返し、
1～3を繰り返す×2

15 あなたも～あなたも

ひとさし指で周りを指す

16 みんなではこう
おにのパンツ

両手で大きく円を描いて、
10、1～3の動作をする

豆まき

作詞・作曲：日本教育音楽協会

昔は節分をもって冬と春の区切りとしていました。鬼を追い出し福を招くという逸話も、もしかしたら冬と春の交代を意味しているのかもしれませんね。また地方によって豆の種類が違ったりと、話のネタにも困らない曲です。

うれしいひなまつり

作詞：サトウハチロー　作曲：河村光陽

桃の節句の代表曲。右手は各フレーズの弾き始めの指に気をつけましょう。
イントロが有名なフレーズなのでそのまま掲載してありますが、少し難しい人は最後の２小節をイントロ代わりにしてもOKですよ。

粛々と
1.あかりをつけましょ ぼんぼりに おはなをあげましょ もものはな
2.おだいりさまと おひなさま ふーたりならんで すましがお
3.きーんのびょうぶに うつるひを かすかにゆーする はるのかぜ
4.きものをきかえて おびしめて きょーうはわたしも はれすがた
ごーにんばやーしの ふえたいこ きょーうはたのしい ひなまつり
およめにいらーした ねえさまに よくにたかんじょの しろいかお
すーこししろーざけ めされたか あーかいおかおの うだいじん
はーるのやよーいの このよきひ なによりうれしい ひなまつり

つぼみ

作詞・作曲：不詳

雪解けを待つ花のようすを優しく歌ったうた。曲自体はゆったりとしているのですが、両手とも何か所か指がくぐる場所があるので忘れないように注意しましょう。イントロのスタッカートは強くならないように優しく弾いてください。

ゆったりとやさしく

G C C
ソ ラ ソ ファ ミ レ ド ソ ラ ソ ファ
1.つ ぼ み の
2.つ ぼ み の
3.う れ し い
ソ ソ ソ ファ ミ ド ミ ファ ミ レ
G C F C
ミ ド レ ミ ファ ミ レ ラ ソ ソ
な か で お は な が ね ん ね
な か で お は な が ね ん ね
は る が も う す ぐ く る よ
ド ソ ド ラ ソ ファ ファ ミ
C F G C
ド ド ソ ソ ラ シ ド ソ ラ ソ ファ ミ レ ド
ま だ ま だ さ む い で し ず か に ね ん ね
は る が く る ま で し ず か に ね ん ね
そ れ ま で ね ん ね し ず か に ね ん ね
ミ ド ファ ソ ラ ソ ソ ファ ミ ド

春がきたんだ

作詞：ともろぎゆきお　作曲：峯陽

三寒四温を感じたら春がきたことを喜ぶこの歌がおすすめ。寒くて部屋の中でがまんしていた子も外に飛び出す春がきました。右手は三連符と16分音符のリズムの違いをしっかりと出せるようにしましょう。左手はあまり動かないので、その分は右手に集中しましょう。

あかるくほがらかに
1.はるのかぜが　ふいてきたら　メダカも　チョウチョも　ことりたちも
2.はるのかぜが　ふいてきたら　キャベツも　モグラも　しろいくもも
うれしそうに　わらうだろう　はるだよ　ぼくらの　はるがきたよ
たのしそうに　うたうだろう　はるだよ　ぼくらの　はるがきたよ

春がきたんだ

C F G C
ミ ファ ソ ド シ ラ ラ レ ミ ファ シ ラ ソ ソ
き た か ぜ な ん か あっ ちの ほう へ いっ ちゃ え
な か ま じゃ な い か ぼ く た ち み ん な
C F G G7 C
ミ ファ ソ ド レ ラ ラ シ シ シ シ ソ ソ ソ ソ ド シ ド
す て き な は る が ほ ん と に き た ん だ わー い! わい!
ま っ て た は る が こ こ に も き た ん だ わー い! わい!

PART 2 季節・行事のうた

誕生会のうた

年に一度のお誕生日。
みんなで盛大にお祝いしたいですね。

誕生会

拍手をプレゼント

作詞・作曲：阿部直美

新しい誕生日ソングで３拍子の優しいリズムが特徴的な曲です。左手はあまり移動しませんが、右手に指くぐりがある場所がありますので注意してください。パチパチのところは、実際に手をたたきながら歌いましょう。

ほがらかに

C F G7 C C
おたん
C G7 G7
じょうび おめでとう すてきな はくしゅを
C F Em
プレゼント リボンを かけ

A7 Dm G7 C G
ソ ファ ファ シ シ ド シ ド レ ミ ファ
て プ レ ゼ ン ト ー
ラ ♯ド レ ソ ミ ド ソ
C G7
ソ ミ ド ファ レ シ
パチ パチ パチ パチ パチ パチ
ミ ド ミ ド ミ ド ミ ド ファ レ ファ レ ファ レ ファ レ
C Adim G C
ソ ミ ミ ド シ ラ ソ ラ シ ド
パチ パチ パチ パチ パチ パチ お め で とう
ミ ド ミ ド ♯ファ ♯レ ♯ファ ♯レ ソ ソ ファ ミ ド

ハッピー・フレンズ

作詞・作曲：二本松はじめ

お誕生会で使えるうたです。全部を通して歌わなくても、１番だけ、２番だけでも会がテンポよく進みますよ。
○○の部分は、その月を入れましょう。左手は全体的に弾んで弾くようにしましょう。

G7
C
シ シ シ ラ ラ ソ ソ ミ ソ ミ ソ
ハッ ピー バー ス デ ー ハッ ピー (ハッ ピー) ハッ
ソ ファ ファ レ ミ ド ミ ド ミ ド ミ ド ミ ド ミ ド ミ ド ミ ド
Dm
G7
C
ファ ソ ファ シ シ シ ラ シ ド
ピー (ハッ ピー) ハッ ピー バー ス デ ー
ファ レ ファ レ ファ レ ファ レ ソ ファ ファ レ ミ ド ミ ド ミ ド ミ ド

誕生会

ハッピー・バースデー・トゥ・ユー

作詞・作曲：M．Jヒル&P．S．ヒル

世界共通といえるくらいの知名度のバースデーソングの決定版。曲が生まれて100年ほどの間に世界中に広まり、世界でもっとも歌われている曲でもあります。園で弾く機会も多いでしょうから、暗譜で弾けるようになりましょう。

発表会・卒園式のうた

晴れの日に歌いたいうたを厳選。
子どもたちと心を込めて歌いましょう。

この章のアレンジだけは、晴れの舞台でもかっこよく聞こえるように、
少しレベルを上げてあります。
もちろん、3音ルールは厳守してありますが、アルペジオを多用していたり、
両手の音域を広くしてあるので、少し練習が必要になります。
また、ペダルを使うことを前提のアレンジになっている曲がほとんどですので、
ペダルに慣れてない人は注意しましょう。

宇宙船のうた

作詞：ともろぎゆきお　作曲：峯陽

右手は８分音符と16分音符の違いをしっかりと出して、ノリをしっかりキープしましょう。
左手は全体的にスタッカート風に弾くと元気な感じになりますよ。

元気よく行進風に

C F A7 Dm G C
ミ ファソ ソ ソ ソ　ド ドシ ラ ソ ラ ソ
C G7 C
1.～3.
うちゅうせんにのって
げんきにゆこう
C G7 C
ぼくらはこどもの
うちゅうのたんけんたい

G C G C F G G7
ファ ソ ファ ソ ファ ソ ソ
レ ミ レ ミ ラ レ
1. じゅんび！ OK しゅっぱつ！ OK 5 4 3 2 1 はっしゃ！
2. スピード！ OK エンジン！ OK ラン ラン ラン ラン ラン すすめ！
3. じゅんび！ OK ちゃくりく！ OK ラン ラン ラン ラン ラン ちゃくりく！
ソ ド ソ ド ファ ド ラ ファ ソ ファ
ソ
C F C Dm G7 C
ミ ファ ソ ソ ソ ソ ソ ド ド シ ラ ソ ラ ソ ラ ラ シ ソ ド
ぼくらをのせて ほしのあいだを か け ま わ れ
ミ ソ ミ ソ ファ ラ ミ ソ ファ ファ ミ ソ ミ
ド ド ド ド ソ ド ド

発表会

わらいごえっていいな

作詞・作曲：田山雅充

『おかあさんといっしょ』でよく歌われる曲です。「わっはっはっ」や「いっひっひっ」などのところの右手は不自然に感じたら弾かなくてもいいですが、無音のときにリズムが狂わないように注意しましょう。「うそ〜っ！」の部分はトレモロ奏法です。

なめらかに小気味よく

G7 C C Dm G
わらいごえって いいなー たのしそうで
C A Dm Em A G C
さ なんだか うきうきー うれしくなっちゃうよ
Dm G C Am Dm
おとうさんが わっはっはっ おにいちゃんが いっひっひっ おかあさんが
いぬがわらう ワンワハンワハン うまがわらう イッヒヒンヒヒン ぶたがわらう

G7 C A7 Dm Em A
うっ ふっ ふっ おねえちゃんが ー えっへっ へっ おとうとも わらうー
ブップフンブフン ヤギがわらうー メメエー メエー パーンダも わらうー
G G7 1. 2.
おほほほほ ほん？ うそ〜っ！
おほほほほ ほん？ うそ〜っ！
D.S.
C G C
よ うれしくなっちゃう よ

発表会

世界中のこどもたちが

作詞：新沢としひこ　作曲：中川ひろたか

子どもたちが力を合わせれば海も空も動かすほどの力になる。そんな平和への願いを込めたうたです。
151ページの１～２段目の左手は１音ごとに音が変わっていくので、どう移動するかをまずはしっかりと覚えるようにしましょう。

明るくほがらかに
C D G G
1.せかい じゅう のこどもた
じゅう のこどもた
G Am D7
ちが いちどに わらったら そらも わらうだ
ちが いちどに なーいたら そらも なーくだ
C D 1.G 2.G
ろう ラララ うみも わらうだ ろう 2.せかい
ろう ラララ うみも なくだろ う ひろげ

B Em A D
シ ♯ファ シ シ シ ラ ソ ♯ファ ミ ラ ラ ラ ラ ミ ラ ラ ラ ソ ♯ファ ミ レ シ シ シ
よ う ぼ く ら の ゆ め を と ど け よ う ぼ く ら の こ え を さ か せ
B B7 Em A D7
シ ♯ファ シ シ シ ラ ソ ♯ファ ミ ラ ラ ラ ラ ラ ラ ラ シ ♯ド レ レ ミ ♯ファ
よ う ぼ く ら の は な を せ か い に に じ を か け よう せ か い
G Am
ソ ♯ファ ソ ♯ファ ミ ♯ファ ミ レ レ ミ ♯ファ ソ ソ ♯ファ ソ ♯ソ ラ ミ ミ ミ
じゅう の こ ど も た ち が い ち ど に う たっ た ら そ ら も
Am D7 C D G
ラ ♯ソ ラ ソ ソ ♯ファ レ レ レ ミ ♯レ ミ ソ ♯ファ ソ ラ ソ
う た う だ ろ う ラ ラ ラ う み も う た う だ ろう

ケンカのあとは

作詞：荒木とよひさ　作曲：三木たかし

反復記号が多い曲なので、まずは移動先をしっかりと確認してください。
３連符の部分で転ばないように、そこがちょうどいいテンポになるよう練習しましょう。

Am D Gm C7 F Dm Gm7 C
ド ドラソ♯ファレ ♭シソファミド ドラ ドドレ ソソソソレドドド♭シ♭シ
い ほっぺにChu おひさまがみてるから
い ほっぺにChu タンポポがみてるから
*ほっぺにChu ほんとうはすきだから
ラ ミド レ ラ♯ファ ソ レ♭シ ド ソミ ファ ドラ レ ラファ ♭シ レ ド ミ
*D.S.の後に歌う
F Dm B♭6 C7 F Dm Gm C
ドラ ドドレ ソソソソレドドド♭シ♭シ ラ ラソファ ファファ ♭シ ラソソソラ
ほっぺにChu おひさまがみてるから ほっぺにChu でも ちょっとはずかし
ほっぺにChu タンポポがみてるから ほっぺにChu でも ちょっとはずかし
ほっぺにChu ほんとうはすきだから ほっぺにChu でも ちょっとはずかし
ファ ドラ レ ラファ ♭シ レ ド ミ ファ ドラ レ ラファ ソ レ♭シ ド ソミ
F Dm 1. Gm C Caug 2. Gm C C7 F
ファファレ ラ ♭シラソファ ド♯ソミ ♭シラソド ミファソラ♭シ ♭シラソファ ファドラ
い
い
い
ファ ドラ レ ラファ ソ ド ソ ド ミ D.S. ソ ミド ファ

2
季節・行事
発表会・卒園式

発表会

にじのむこうに

作詞・作曲：坂田修

雨上がりのさわやかな青空が目に浮かぶような曲ですね。左手の和音はペダルで音が伸びている間に落ち着いて移動させましょう。1オクターブが届かない人は、左手の（　）の中の音は弾かなくてもだいじょうぶですよ。

Dm E Am Dm G
にじのむこうになにがあるんだろうて
C Em F Fm Em A
とてをつなげばげんきがでるのさーま
Dm E Am D Dm F G
ほうみたいだねどこでもゆけるさー
F Em
このゆびにーとまれ
(おーい!)

にじのむこうに

F D Gsus4 G
ラ シ ド ラ シ ド ド ラ ミ レ ソ シ
しゅっぱつだぞ ー あつまれ ー （おーい！）
ファ (ファ) レ (レ) ソ ラ シ レ ソ (ソ) ソ ソ ファ
C Em F Fm Em A
ド ド ド シ ラ シ ラ ソ ラ シ ド シ ラ ソ (ラ) ソ ラ(ミ)ソ (ミ)
つ な い だ て と て に つ た わ る よ あっ た か い
あ め が あ が っ た よ お ひ さ ま が で て き た よ あ
ミ ド ミ ド ソ ミ ソ ミ ラ ファ ♭ラ ファ ソ ミ ラ ♯ド
Dm G C A Dm G 1. C
ファ ソ ラ シ シ ラ ソ ミ シ ラ ラ シ ド ド シ ラ シ ド
ポッ カ ポ カ の お ひ さ ま と お な じに お い が す る ー
おい そ ら の ー む こ う に は に じ が か か っ た よ
ラ レ ソ シ ミ ド ラ ♯ド ラ レ シ ソ ド ソ ド
2. C C7 F G C
ド ラ シ ド ド シ ラ シ ド
ー に じ が か か っ た よ ー
ド (ド) ♭シ (ド) ラ ファ シ ソ ド (ド) ソ ミ ソ ド

笑顔がかさなれば

作詞・作曲：柚梨太郎

笑顔も涙も手のひらも送れば返ってくる。待っていないで自分から。とても前向きで明るい曲ですね。
右手のスウィングのリズムと、左手の分散和音のリズムが崩れないように弾けるようにしましょう。

元気に
mp
C F F/G C F F/G
mf
C Em F C A7
1.え が お を おくれ ば ー え が お が か える よ ー
2.な み だ を おくれ ば ー な み だ が か える よ ー く
3.て の ひ ら おくれ ば ー て の ひ ら か える よ ー
Dm G C Em Am F D7 G
ほ ほを ゆる め て み れ ば ー い い かお にな りま す ー
ち びる ゆる め て み れ ば ー い い かお にな りま す ー
て とて つな い で み れ ば ー い い かお にな りま す ー

笑顔がかさなれば

C Em F C A7
ド ソ ミ ド シ ソ ミ シ ラ ファ ド ラ ソ ソ ラ ミ
まつのも いいけどー ぼくから おくろうー
がまんも いいけどー ぼくから おくろうー
はずかし いけれどー ぼくから おくろうー
ド ソ/ミ ド ソ/ミ ミ シ/ソ ミ シ/ソ ファ ド/ラ ファ ド/ラ ド ソ/ミ ラ ミ/♯ド
Dm G C A7 Dm G C
ファ ソファ ミレ (レ)ミ ファ ソ ラソ ファミ ミファ ソ ラ ♯ソラ ドシ シド レ レ ド
みちばたの はな すずめ ねこたちに だいすきな ともだちにー ー
きまぐれな かぜ みずたまりの そら だいすきな ともだちにー ー
となりの そのまた となりの ひとにも だいすきな ともだちにー ー
レ ラ/ファ ソ レ/シ ド シ ラ ミ/♯ド レ ラ/ファ ソ ファ/レ ミ/ド ファミレ ミ/ド
G F/G G7 f C Em F Dm D7
ソ (ソ)ラ シ ド シ ソ ミ シ ラ ラ ファ ファファファ ソラ ドシ ラ
えがお が かさなれば お なかが あたたまる
なみだ が かさなれば おお なかが あたたまる
てのひら が かさなれば おお なかが あたたまる
えがお が かさなれば お なかが あたたまる
ソ ソ ソ/ファ ソ/レ ド ソ/ミ ミ シ/ソ ファ ファ ラ ド レ ラ/ファ レ ラ/♯ファ

G GM7 G7 C Em F D7
ソ ソ (ソ) ラ シ ド シ ソ ミ レ ド ラ ド ラ ド ラ ド ラ ド レ
よ え が お が か さ な れ ば う た い た く な る の さ
よ な み だ が か さ な れ ば う た い た く な る の さ
よ て の ひ ら が か さ な れ ば う た い た く な る の さ
よ え が お が か さ な れ ば う た い た く な る の さ
G G7 C mp 1.2. C F F/G 3. p G G7
レ ド シ ド
ー み ー ん な で ー
ー み ー ん な で ー
ー み ー ん な で ー
ー み ー ん な で ー
D.S.
mp C F rit. F/G CM7

ポカポカおひさまありがとう

作詞・作曲：長谷川久美子

左手でひとつの指を固定したまま、もうひとつの指を動かす場所が多いので、つられて指を離してしまわないように注意しましょう。
中間部分は特にキレイなので、少し小さめに弾いてコードの響きを楽しみましょう。

2
季節・行事
発表会・卒園式

発表会　卒園式

にじ

作詞：新沢としひこ　作曲：中川ひろたか

付点８分＋16分のスウィング部分と３連符の組み合わせが多いので、リズムが転ばないように気をつけましょう。コードが２拍ごとに変わっていくので、左手の移動がけっこう激しいですが弾けるとキレイな曲ですよ。

きみの きみのー
きぶん もはれてー
きっと あしたはー
いい てんきー
きっと あし たは
い いてん き
い いてん き

発表会 卒園式

こころのねっこ

作詞・作曲：南夢未

長い曲なので、どの順番で移動するのかをまず把握しましょう。コードが頻繁に変わりますが、ペダルで音を伸ばしている間に、次のコードに指を移動できますから、そこまで難しくはありません。右手はフレーズの弾き始めだけ気をつければ難しくはないはずです。

C G7 C
ミ レ ド ド ド ファ ソ
に なった はじめ
に なったこれか
F G
ラ ラ #ソ ラ シ ラ シ ラ
てのであいはじめ
らのであいこれか
てのであいはじめ
Em Am
ソ ソ ミ ソ ラ レ ミ
てのなかま はじ
らのなかま これ
てのなかま はじ
Dm G7
レ レ レ ミ ファ ミ レ
めてしった たく
からわかる たく
めてしった たく
C C7
ミ #レ ミ ファ ソ ファ ソ
さんのこと ない
さんのこと ここ
さんのこと ここ
F G
ラ ラ #ソ ラ シ ラ
てわらった ま
ですごした ま
ですごした ま
Em A
ソ ミ ソ ラ レ ミ
い にちが みん
い にちが みん
い にちが みん
Dm G
レ レ レ ミ ファ ファ ミ レ
なのこころのバネ
なのこころのねっ
なのこころのねっ
1. C G7 C
ミ レ ド ド ド
に なった
FM7
ソ
G7
ミ レ ド
Dm D7
ラ ド レ ド

こころのねっこ

G
2. C G7 C
C7
いち
こ に なれ
はじめ
D.S.
C G7 C
Dm7 D7
G C
Dm
こ に なれ
みん
なのここ
Dm
G7 C
C C7
F Fm
ろのー ねっ
こ に なれ
C D
G
G7
C

発表会　卒園式

地球はみんなのものなんだ

作詞：山川啓介　作曲：いずみたく

全体的に左手の分散和音の跳躍が多いので、音を外さないように練習しましょう。
左手をスタッカートで歯切れよく弾くときに、右手がつられて強くなってしまわないように、両手のバランスを意識してください。

元気よく

地球はみんなのものなんだ

Dm C F G
ファ ファ ミ ファ ファ ミ ファ ファ ソ シ ラ ソ ファ ミ ミ ファ ファ ソ
みんなおんなじ ちきゅうにいきてる なかまだーよー
レ ラ ラ ラ レ ラ ラ ラ ミ ミ ラ ラ ソ ファ ミ レ
ファ ファ ファ ファ ド ド ド ド (ソ)
C F Dm G
ド ド ♭シ ♭シ ラ レ レ ド ド シ ソ
なんだーってー きょうだいーさーち
ミ ミ ソ ソ ファ ファ ラ ド ファ ファ ラ ラ ソ ソ シ ファ
ド ド ド ド ド レ レ レ レ レ
C F D7 G G7 C
ド シ ラ ソ ファ ミ レ ド ソ シ レ ド
きゅうはみんなのもの なんーだー
ド ド レ ミ ファ ド ♯ファ レ ソ ソ ファ ミ ソ ラ シ
ソ ド
C F D7 G G7 C
ド シ ラ ソ ファ ミ レ ド ソ ラ シ ド
ド ド レ ミ ファ ド ♯ファ レ ソ ファ ミ ソ ド
(ソ) ソ ド

発表会　卒園式

友だちはいいもんだ

作詞：岩谷時子　作曲：三木たかし

全体的にペダルを使うことを前提としたアレンジです。ペダルをしっかりと踏めれば、小節頭の２分音符のキープは、そこまで気を使わなくてもだいじょうぶです。音域が少し広めのうたなので、最初はゆっくりと歌うように練習しましょう。

※simile（シミーレ）「前の小節と同じように」という意味です。前の小節と同じように２拍ずつペダルを踏みましょう。

G Gaug CM7 Cm6 G Bm
ドシ ラソ ドシ シシシシラ シ ド レド シ シレ
でもー どこ でもー きみをみて る よ あい を ここ
なにー なっ てもー わすれはし な い ゆめ を だい
ソシレソシ ソ ソシ♯レソ♯レ ソ ソ ドミソシミ ド ド♭ミソラ♭ミ ド ラ ソシレソシ レ♯ファ
C Am D7 G C G C/D D7 f G
♯ファミ ミ ド ド ラシラソ ド ミ ド ♯ファ シシシシシシラソ
ろにー き み と あるこう ー ー みんなはひとりの
じにー き み と すすもう ー ー
ドミソミド ミ ラドミラ♯ファ レ ソシレソミ ド ソ シ ソ レ レ ソシレソソ レ
CM7 D7 G Bm E7 Am
ラ シミ ドドドドドドシラ ソ シレ レレレレレレドシ レ ドド
た めに ひとりはみんなの た めに みんなはひとりの た め に
ドミソシド ソ ミ レ♯ファラドレ ♯ファ ソシレソシ レ♯ファ ミ♯ソシレミ ♯ソ ラミドラ
Cm6 C/D D7 G G C/D D7 G
シシシラソ ラ ミ ♯ファ ソ ソラ シ ソシドレ ミ ド ソ ミ ラ ♯ファ シ ソ
ひとりのため に 2.とも
ド♭ミソドレ レ ソレドラシ ソ ソシレソシ ソ ド レ レ ソ

発表会　卒園式

ありがとうの花

作詞・作曲：坂田修

右手がよく動くので、左手はあまり動かない編曲にしてあります。反復記号が多い楽譜なので、まずはどの順番で動くのかをしっかりと把握しましょう。ペダルはコードが変わるたびに踏み直すようにしましょう。

※simile（シミーレ）「前の小節と同じように」という意味です。前の小節と同じように2拍ずつペダルを踏みましょう。

2
季節・行事
発表会・卒園式

ドキドキドン！ 一年生

作詞：伊藤アキラ　作曲：櫻井順

最近の卒園式の定番曲のひとつ。元気よく歌う部分と中間部の不安な部分を歌い分けられるようにしましょう。全体的には重くならないように軽やかに弾くように意識しましょう。

元気よく
mf
1. サ クラ さいたら いちねんせい ひとりで いけるかな
2. チョウチョ とんだら いちねんせい カバンは おもいかな
3. ヒバリ ないたら いちねんせい ぼうしは にあうかな
となりにすわるこ いいこかな ともだちに なれるかな
ねむたくなったら どうしよう きゅうしょくは うまいかな
あめのひかぜのひ へいきかな べんきょうも するのかな

少し不安気に
Am
Em
Am
だれでもさいしょは
みんなもおんなじ
しんぞうおさえて
いちねんせい
いちねんせい
いちねんせい
（いちねんせい）
ドキドキするけど
気を取り直して
D7
G
元気よく
C
G C
ドンとい
け
ドキドキドン
いちねんせい
1.2.
3.

2
季節・行事
発表会・卒園式

一年生になったら

作詞：まど・みちお　作曲：山本直純

卒園式の定番曲のひとつです。新しい環境に変わることに不安を持っている子もいるかもしれませんが、友達100人を目ざしてがんばってほしいですね。全体的にカンタンに弾けるようになっていますので、自信を持って堂々と弾きましょう。

ありがとう・さようなら

作詞：井出隆夫　作曲：福田和禾子

過去の思い出を優しく振り返りながら歌う名曲。ゆったりと歌うとより気持ちが込もった歌になります。
左手の伴奏が静かなので、ゆっくり弾けば卒園式のBGMとしても使えますよ。

あかるくほがらかに
C F F B♭ C7 F
1. あ りがとうさ ようなら と もだ ち ひとつずつの
2. あ りがとうさ ようなら きょ うし つ はしるように
3. あ りがとうさ ようなら せ んせ い しかられたこ
B♭ C7 F B♭ F Gm F
えがお はずむこ え なつのひざし にーも ふゆのそらの したでも
すぎた たのしい ひ おもいでーの きずが のこるあーの つくえに
とさえ あたたか い あたらしーい かぜに ゆめのつばさ ひろげて
B♭ F G C7 F B♭ C7 F
みんなまぶ しーくか がやいーて た あ りがとうさ ようなら ともだ ち
だれがこん どーはす わるんーだ ろう あ りがとうさ ようなら きょうし つ
ひとりひと りーがと びたつーと き あ りがとうさ ようなら せんせ い

2
季節・行事
発表会・卒園式

切手のないおくりもの

作詞・作曲：財津和夫

1978年に『みんなのうた』で放送されてから、切手のないメールが主流となった今でも歌い継がれる名曲。短い曲ですが歌詞が心に残りますね。右手が難しい場合は和音の下の音は省略してもOKですよ。

ほがらかに
Gm C A7 Dm B♭ C
F F C Dm
1.わ た し
か ら あ な た へ こ の う た を と ど け
い た あ な た へ こ の う た を と ど け
な い あ な た へ こ の う た を と ど け
え た あ な た に こ の う た を と ど け
ゆ く あ な た に こ の う た を と ど け
C B♭ C A7 Dm
よ う ー ひ ろ い せ か い に た っ た ひ と り の わ た し
よ う ー こ こ ろ や さ し く そ だ て て く れ た お れ い
よ う ー あ い す る こ と の よ ろ こ び を し る ま ほ う
よ う ー こ ん ご よ ろ し く お ね が い し ま す め い し
よ う ー さ み し い と き に う た っ て ほ し い と お い

B♭ C
1.~ 4.
F
5.
F
ラ ラ ラ ファ ミ ミ ミ ソ ファ ド ファ ミ ファ
の す き な あ な た ー へ 2.と し お
が わ り に こ の う た を 3.ゆ め の
じ か け の こ の う た を 4.し り あ
が わ り に こ の う た を 5.わ か れ
そ ら か ら こ の う た を
♭シ ファ レ ファ ド ソ ミ ソ ファ ラ ド ミ ファ ド レ ミ ファ ラ ド ミ ファ ド (ファ) ファ

思い出のアルバム

作詞：増子とし　作曲：本多鉄麿

1981年『みんなのうた』に登場。思い出す四季の出来事を浮かべていき、最後に未来へ目を向けて終わるという感動的な歌詞です。左手の伴奏が静かなので、ゆっくり弾けばBGMとしても使えます。

可憐に
1.いつのことだか おもいだしてごらん
2.はるのことです おもいだしてごらん
3.なつのことです おもいだしてごらん
4.あきのことです おもいだしてごらん
5.ふゆのことです おもいだしてごらん
6.ふゆのことです おもいだしてごらん
7.いちねんじゅうを おもいだしてごらん
あんなこと こんなこと あったでしょう ー

Dm G C A7 Dm G C C7
レ レ レ レ ファ ミ (ミ) ソ ファ ファ ファ ファ ラ ソ (ソ) ド
う れ し かっ た こ と おも し ろ かっ た こ と
ぽ か ぽ か お に わ で な か よ く あ そ ん だ
む ぎ わ ら ぼ う し で み ん な は だ か ん ぼ
ど ん ぐ り や ま の ハ イ キ ン グ ラ ラ ラ
も み の き か ざっ て メリ ー ク リ ス マ ス
さ む い ゆ き の ひ あ っ た か い へ や で
も も の は な も き れ い に さ い て
ラ ファ シ ソ ド ミ ♯ド ラ レ ファ シ ソ ド ミ ♭シ ミ
Ped. Ped. Ped. Ped. Ped. Ped. Ped. Ped.

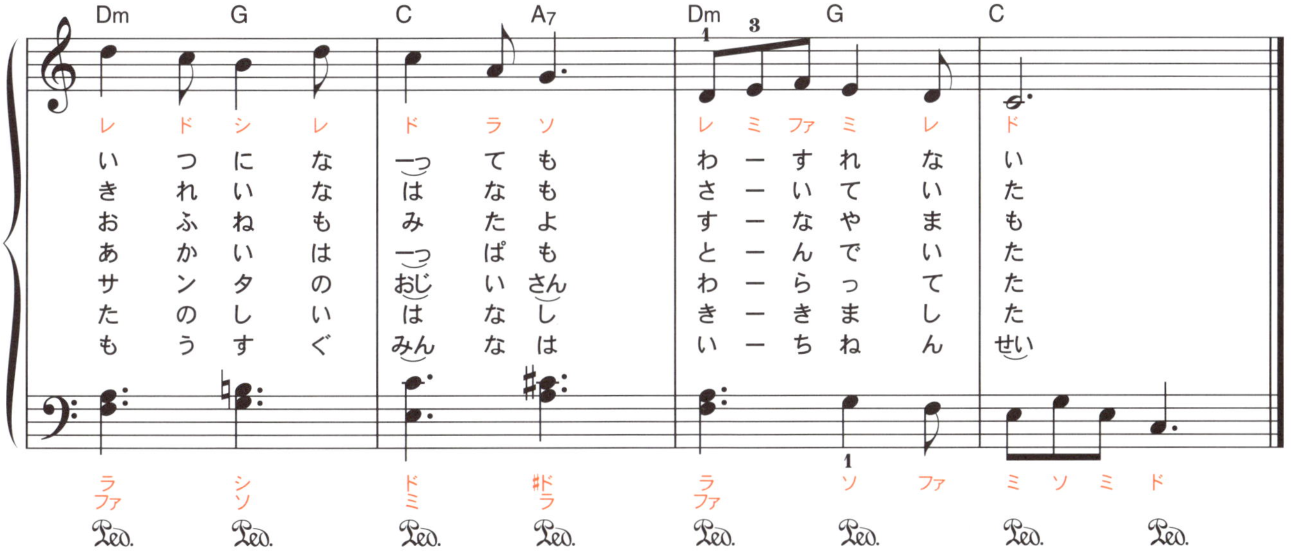
Dm G C A7 Dm G C
レ ド シ レ ド ラ ソ レ ミ ファ ミ レ ド
い つ に な ーっ て も わ ー す れ な い
き れ い な は な も さ ー い て い た
お ふ ね も み た よ す ー な や ま も
あ か い は ーっ ぱ も と ー ん で い た
サ ン タ の おじ い さん わ ー ら っ て た
た の し い は な し き ー き ま し た
も う す ぐ みん な は い ー ち ね ん せい
ラ ファ シ ソ ド ミ ♯ド ラ ラ ファ ソ ファ ミ ソ ミ ド
Ped. Ped. Ped. Ped. Ped. Ped. Ped. Ped.

2 季節・行事
発表会・卒園式

さよならぼくたちのほいくえん

作詞：新沢としひこ　作曲：島筒英夫

とてもキレイなコード進行が続く部分を、最低限の音で表現しているので、指を外さないようにしましょう。
16分音符も多いので、そこでテンポが崩れないように、余裕を持ったテンポで弾くようにしましょう。

あかるく
たくさ
ん のまいにち を ここで す ごしてきた ね な うれ
んど わらって な んど ないて な んど かぜをひい て
しい ーことも かな しい ことも き っと わすーれな い
たくさ
ん のともだち と ここで あ そんできた ね ど み

※幼稚園では歌詞の「ほいくえん」を「ようちえん」に変えて歌いましょう。

C D7 Bm7 Em C A7 D
こで はしって ど こで ころんで ど こで けんかをし て
ずー あそびも ゆ きー だるまも ず っと わすーれな い
G C G C Cm G C D D7
さよならぼくたちの ほいくえん ぼく たちのあそんだに わー
G C G C Cm G C D7
さくらのはなーびら ふるころは ランドセルのーいちねん
このつぎあそーびに くるときは ランドセルのーいちねん
1.G 2.G G
せい たくさ
せい
D.S.
せい ー

卒園式

よろこびのうた

作詞・作曲：小見山葉子

子ども、親、先生の掛け合いが感動を生む卒園式で人気の曲です。
アレンジは全体的に少し難しいですが、弾きこなせば感動の嵐です。

澄んだ声で高らかに

※simile（シミーレ）「前の小節と同じように」という意味です。前の小節と同じように2拍ずつペダルを踏みましょう。

G B Em G C G C D7 G
レ シ ラ ソ レ ミ ♯ファ ソ レ ミ ♯ファ ソ ラ ラ ソ ♯ファ ソ レ シ ラ
ちいさかった あなたが もうすぐいちねん せい (子)おかあ
シ ソ ♯ファ ♯レ ミ ソ シ レ ド ミ ソ シ レ ソ ド ミ ソ レ ラ レ ド ソ ド レ ド シ ソ
Bm Em Am D D7 G D G B7
シ シ ラ シ シ ラ ド シ ラ レ ラ ソ ラ ラ ソ ラ ラ ソ シ ラ ソ シ ♯ファ ラ
さん(親)なあに(子)あり がとうせんせ い(先生)なあに(子)あり がとう(親・先生)あの
レ シ ソ ミ ド ラ ♯ファ レ ド レ ド ♯ファ レ ソ ド シ ソ ♯レ
Em G C6 Cm6 D D7 C G
シ ソ シ ラ シ ミ シ ラ シ ラ ド シ ラ ♯ファ ♯ファ ソ ラ ソ ♯ファ ソ ソ ソ
ね(子)なあに(親・先生)これか らもずっと げんきにおおきく なってね
ミ ソ シ レ ソ シ ド ミ ラ ド ♭ミ ソ ラ レ ♯ファ ラ レ ♯ファ ラ ド ソ シ ソ
G C A7 Dsus4 D7
シ シ ド レ レ ♯ド レ シ シ シ ソ レ ミ ミ ♯ファ ソ ソ ♯ファ ソ ラ ラ ラ シ ラ シ ラ
(先生)せんせいたちも わすれない げんきなかわいい あなたたち いつ
左手軽く優しく
レ ソ レ ソ レ ソ レ ソ レ ソ レ ソ ソ シ ソ シ ソ ド ソ ド ラ ♯ド ラ ♯ド ソ レ ソ レ ♯ファ レ

G G/F Am Adim D7 C G Am D
シ ソ レ シ ラ ド シ ラ #ファ#ファ#ファ ソ ラ #ファ ソ ドラシドレ シド
ま でも いつ ま でも こころのな か に
レ レ シ シ ド ド ド ド レ ラ ド ラ ド ド シ ラ レドシラ
ソ ソ ファ ファ ミ ミ ♭ミ ♭ミ ソ ソ ソ
間奏
p
G Am7 G A D G
レ シラソ ソレ ミレミ#ファソ レ シドレソラシソ ラ ラシラ レシラソ レ
ソシレ ソシレ ソラド ソシレ ソシレ ソシレ ラ#ドミ レドシラ ソシレ ソシレ
1.～X.
last time
Am7 G C Cm G G C D
ミ #ファソ レ ミ #ファソラ ソ#ファ ソ シド ソ ドラシドレ ミ#ファラ
ソラド ソシレ ソドミ ソド♭ミ ソシレシソ ド ド シ ドミソミレ#ファラド
ソ ソ ソ
mf
G C A7 D G
シ シドレ #ドレ シシシソレレレ ミ ミ#ファソ#ファソ ラ シド レレレミレ ソラ
(子)おお き くなっ ても あそびにくるね まっていて せん せい (親・先生)さ あ よろこびの えが
レ レ レ ソ ソ ラ #ファ レ シ レ シ
ソ ソ ソ シ ド #ド レ ソ ソ

Bm7 Em C6 A7 D D7 G
シ シ シ ラ ソ レ ラ ラ ラ ラ ラ ラ ソ ソ ラ ラ ラ シ ラ シ ド ♯ファ レ レ レ ソ ラ
おをみせて お いわいのことばを おくります (親・先生) おめ でとう ほんとう
♯ファ ♯レ シ ソ ミ ミ ド ラ ミ ♯ド ラ ♯ファ レ ラ ド シ ソ レ ソ
B C6 A7 D7 f G B7 Em
シ シ ド シ ラ ソ ♯ファ ラ ♯ファ シ ド レ ミ レ レ ソ ラ シ ♯レ シ ド
に うれ しいひで す さあ おお きくおおき く ある
♯レ シ ♯ファ シ ミ ド ラ ミ ♯ド ラ レ ラ レ ド ラ ソ シ レ シ ソ シ レ シ ♯ファ シ ♯レ シ ミ シ ミ
Am D G G B7 Em rit. C6 D7
シ ラ ラ ソ ソ ミ ソ ♯ファ ソ シ シ ド レ ミ レ レ ソ ラ シ ♯レ シ ド シ ラ ラ ソ ソ ミ ソ ♯ファ
きはじめてくださ い さあ おお きくおおき く ある きはじめてくださ
ラ ド ミ ド レ レ ソ ド レ ド シ ソ ソ シ レ ソ ソ シ レ ソ シ ♯レ ♯ファ シ シ ソ ミ ミ ド ド レ ラ レ
G a tempo C G Em Am D7 G
ソ シ ド レ ミ ミ ♯ファ ソ ♯ファ ミ レ ソ シ ラ シ ド ミ ソ ♯ファ ソ
い
ド ソ シ ド ミ ソ ド ミ ソ シ レ ソ ミ ソ シ ド ミ ラ ラ レ シ ソ

BELIEVE

作詞・作曲：杉本竜一

大声で歌うよりも、しっとりと歌うほうが合っているアレンジなので、子どもたちにもそのように歌えるように指導しましょう。
ペダルを踏むことを前提にしている左手なので、必ず踏むようにしてください。

※simile（シミーレ）「前の小節と同じように」という意味です。前の小節と同じように2拍ずつペダルを踏みましょう。

2
季節・行事
発表会・卒園式

BELIEVE

F Dm Gm Gm7♭5 F C7 1. F
ド ファ ラ ド ♭シ ラ ラ ソ ファ ファ ド ファ ソ
アイ ビリーブ イン フューチャー しんじてる
ファ ラ ラ レ ソ ♭シ ソ ♭レ ファ ド ♭シ ド ラ ファ ド ファ
2. F C Dm
ファ ド ラ ラ ラ ラ ソ ソ ラ ソ ファ ファ ミ ファ
る い ま ーみらいの ー とびら を ーあける
ラ ファ ド ファ ファ ド ミ ド レ ラ
B♭ F Dm Gm Gm7♭5 F C7
ミ レ ド ファ ラ ド ♭シ ラ ラ ソ ファ
とき アイ ビリーブ イン フューチャー しんじて
♭シ ファ (♭シ) ♭シ ファ ラ ラ レ ソ ♭シ ソ ♭レ ファ ド ♭シ ド
F B♭ B♭m F7
ファ ラ ♭シ ド レ ファ ファ ♯ド ラ ミ
る
ラ ファ ド ファ ♭シ ♭シ ファ

PART 3 定番・人気のうた

ずっと歌い継がれてきたうた、
これからも歌いたいうた、人気のうたを紹介しています。

かわいいかくれんぼ

作詞：サトウハチロー　作曲：中田喜直

左手は２分音符で伸ばすパターンが多いので、右手でノリを演出するようにしましょう。最後のスタッカートは強くならないようにかわいらしく。スタッカートの６小節目の飾りの音は跳躍が広いので、無理に弾かなくてもだいじょうぶですよ。

かわいらしく
C F C F Am B♭ C Am Dm Gm G Am Dm G C F C
1.ひよこが ねおにわで ぴょこぴょこ かくれんぼ
2.すずめが ねおやねで ちょんちょん かくれんぼ
3.こいぬが ねのはらで よちよち かくれんぼ
どんなにじょうずにかくれても
きいろいあんよが みえてるよ
ちゃいろのぼうしが みえてるよ
かわいいしっぽが みえてるよ
だんだんだれがめっかった

おはなしゆびさん

作詞：香山美子　作曲：湯山昭

指遊びうたの定番。これで指を覚える子どもも多いので、ぜひやってあげましょう。
基本的にはカンタンな曲ですが、笑い声の６小節目は両手とも指くぐりがあるので注意しましょう。全体的に弾むように弾きましょう。

元気よく
C F G C C G C G G7 C F G C
ミ ソ ラ ラ シ ド ソ ド ド ミ ラ ミ ソ ソ ソ シ ラ ミ
1.こ のゆ び パ パ ふ とっ ちょ パ パ
2.こ のゆ び マ マ や さし い マ マ
3.こ のゆ び にいさん お おき い にいさん
4.こ のゆ び ねえさん お しゃれ な ねえさん
5.こ のゆ び あかちゃん よ ちよ ち あかちゃん
ソ ソ ソ ソ ソ ラ シ ド レ ミ ファ ミ ソ ラ ラ シ ド
やあ やあ やあ やあ ワ ハ ハ ハ ハ ハ ハ
まあ まあ まあ まあ ホ ホ ホ ホ ホ ホ ホ
オス オス オス オス ヘ ヘ ヘ ヘ ヘ ヘ ヘ
アラ アラ アラ アラ ウ フ フ フ フ フ フ
ウマ ウマ ウマ ウマ ア ブ ブ ブ ブ ブ ブ
お ー はな し す る

遊び方〈１番〉

1 このゆびパパ ふとっちょパパ

親指を立てて左右に揺らす

2 やあやあやあやあ

親指を立てて手首を振る

3 ワハハハハハハ

笑っているように揺らす

4 おはなし

両手で大きく円を描く

5 する

２回拍手する

※2～5番はそれぞれの指に変えて遊びます。

おうま

文部省唱歌　作詞：林柳波　作曲：松島つね

昔から愛されている文部省唱歌で、ウマの親子が仲よく歩いている姿を想像できる優しい歌です。
ただ、最近は近くでウマを見られる機会は減りましたね。手の小さな人は右手の運指を守らないと詰まりやすいので注意しましょう。

元気よく軽快に

ゆりかごのうた

作詞：北原白秋　作曲：草川信

文豪北原白秋が作詞した、昔から愛されている子守唄です。実際にピアノで歌う機会よりも子どもを寝かせるために歌う場合が多い曲ですが、歌ってあげた子が大きくなったときに、また歌い継いでほしいものですね。

やさしくゆったりと
F　B♭　F　C　C7　F
ラ　ラ　ソ　ラ　ド　レ　ド　ラ　ド　ラ　ソ　ファ
F　B♭　C　B♭　F　G7　C
ド　レ　ド　ラ　ファ　ソ　ラ　ソ　レ　ファ　レ　ド　ファ　ラ　ド　ラ　ソ
1.ゆりかごの　うたを　カナリヤが　うたうよ
2.ゆりかごの　うえに　びわのみが　ゆれるよ
3.ゆりかごの　つなを　きねずみが　ゆするよ
4.ゆりかごの　ゆめに　きいろいつきが　かかるよ
F　B♭　F　C　C7　F
ラ　ラ　ラ　ソ　ラ　ド　ド　レ　ド　ラ　ド　ラ　ソ　ファ
ねんねこー　ねんねこ　ねんねこ　よ

ぞうさん

作詞：まど・みちお　作曲：團伊玖磨

だれでも知っている童謡の定番、子どもたちが大好きな『ぞうさん』。指番号をしっかり守らないと意外と詰まる場所があるので注意しましょう。左手は全部単音ですが、アルペジオで動くので次に移動する指をしっかりと確認してください。

パンダうさぎコアラ

作詞：高田ひろお　作曲：乾裕樹

『おかあさんといっしょ』で紹介されたうたです。歌詞に合わせてポーズを取る遊びうた。子どもたちのようすに合わせてテンポは自由に変えましょう。後半の３連符の連打が難しいときは３回たたかないで１回だけでもいいですよ。

遊び方　パンダ…目の周りに手で作った輪を当てる。うさぎ…両手でウサギ耳を作る。コアラ…両手で抱えるようなかっこをする。

犬のおまわりさん

作詞：佐藤義美　作曲：大中恩

昔から愛されている童謡です。３段目の左手の分散和音は力を抜いて優しく弾くように注意しましょう。イントロが有名な曲なので、少し難しいかもしれませんが、弾けるとかっこいいですよ。

軽快に
1.まいごのまいごの　こねこちゃん　あなたのおうちは　どこですか　おう
2.まいごのまいごの　こねこちゃん　このこのおうちは　どこですか　から
ちをきいても　わからない　なまえをきいても　わからない
すにきいても　わからない　すずめにきいても　わからない

C G Dm D
ソ ミ ソ ド ソ ミ ソ レ レ レ ミ ファ ミ レ ミ ラ
ニャン ニャン ニャン ニャーン ニャン ニャン ニャン ニャーン なくてばかりいる
ミ ミ ミ ミ ミ ミ ソ ソ ファ #ファ
ド ド ド ド ド ド シ シ
G C
ソ シ ラ #ファ ソ ミ ソ ソ ミ ラ ソ ミ ド
こねこちゃん いぬの おまわりさん
ソ ソ ファ ミ レ ミ ミ ミ ミ ミ
ド ド ド ド ド
F Am/F# C G7 C
レ ミ ド ラ ド レ ミ ド レ ラ ソ レ ミ ド
こまって しまって ワン ワン ワン ワーン ワン ワン ワン ワーン
ファ #ファ ミ ミ ファ ファ ファ ファ ミ ミ
(ファ) (#ファ) ソ ソ ソ ソ ソ ソ ド ド

げんこつやまのたぬきさん

わらべうた

小さい子が好きな遊びうた。何回リピートしても喜びますからリピートのときはイントロを弾かないでください。左手も軽快に跳ねるとノリノリになれますよ。このうたは三音旋律なのであえてコードは付けてありません。

小気味よくはねて
ソ ファファファ ソ ファファファ　ファ ソ ソ ソ ソ　ソ ソ ソ ソ ソ ラ　ソ ファ レ レ レ
げん こつやまの　たぬきさん
レソ レソ　レソ レソ レソ　ソ レ ソ レ　ソ レ ソ レ
ソ ファ ファ ファ　ソ ファ レ レ レ　ソ ファファファ ソ ファファファ　ファ ソ ソ ソ ソ
おっ ぱい のん で　ねんねして　だっこしておんぶして　またあした
ソ レ ソ レ　ソ レ ソ レ　レソ レソ　レソ レソ レソ

遊び方

1 げんこつやまのたぬきさん

握りこぶしを作り、交互に重ねる

2 おっぱいのんで

おっぱいを飲むしぐさをする

3 ねんねして

両手を合わせて寝るしぐさをする

4 だっこして

だっこするしぐさをする

5 おんぶして

おんぶするしぐさをする

6 またあした

かいぐりをしてジャンケンする

コブタヌキツネコ

作詞・作曲：山本直純

有名なエコーソングですね。しりとりうたでもあり、動物の鳴き声のうたでもあるという深い曲。
うたはもちろんまねっこ遊びとしても使える便利な曲。頭の３連符でどうしても転んでしまう場合は２回目のドはカットしてもOKです。

遊び方

1 こぶた（ブブブー）

ブタの鼻を作る

2 たぬき（ポンポコポン）

こぶしでおなかをたたく

3 きつね（コンコン）

目じりを指でつり上げる

4 ねこ（ニャーオ）

両手を握ってネコのしぐさ

むすんでひらいて

作詞：不詳　作曲：ルソー

子どもの好きな手遊びうた。リピートしながら「その手」をいろいろな場所に持っていって遊びましょう。
左手のポジションチェンジはありませんし、右手も頭の指さえ間違えなければ問題なく弾けるお手軽な曲です。

元気よく

歌詞のとおりに手を動かして遊びましょう。

幸せなら手をたたこう

作詞：木村利人　アメリカ民謡

昔から広く知られている全身を使った遊びうた。手・足・肩だけでなく、いろいろな体の場所を歌詞に変えてどんどん遊びを増やしてみましょう。右手は3の指の位置さえ忘れなければ後はカンタンに弾けるようになっています。

あかるく
C　C7　F　F
ソ ソ ファ ミ ド レ ミ　ファ ド ド　ファ ファ ファ ファ ファ ファ ミ ファ
1.し あ　わ せ な ら て を た た
わ せ な ら あ し な ら
わ せ な ら か た た た
(ド) ド　♭シ ド　ラ ファ　♭シ ファ　ラ ファ　ラ ファ　ラ ファ
C　F　F/E♭
ソ ド ド　ソ ソ ソ ソ ソ ソ ファ ソ　ラ ド ド　ラ ラ ラ ラ ラ ラ ソ ラ
こう し あ　わ せ な ら て を た た　こう し あ　わ せ な ら た い ど で
そう し あ　わ せ な ら あ し な ら　そう し あ　わ せ な ら た い ど で
こう し あ　わ せ な ら か た た た　こう し あ　わ せ な ら た い ど で
ソ ド　ソ ド　ミ ド　ミ ド　ファ ド　ファ ド　ラ ファ　ラ ♭ミ
B♭　B♭m　C　C7　1.2.　F　B♭　F　3.　F　B♭　F
♭シ ♭シ ラ ソ ファ ミ ファ　ソ ソ ファ ミ ド レ ミ　ファ ド ド　ファ
し め そ う よ　ほ ら　みん な で て を た た　こう　2.し あ
し め そ う よ　ほ ら　みん な で あ し な ら　そう　3.し あ
し め そ う よ　ほ ら　みん な で か た た た　こう
♭シ レ　♭シ ♭レ　(ド) ド　♭シ ド　ラ ファ　♭シ ファ　ラ ファ　ラ ファ　♭シ ファ　ラ ファ

歌詞のとおりに体を動かして遊びましょう。

ロンドン橋落ちる

訳詞：高田三九三　イギリス民謡

元はイギリス民謡です。両手ともポジションチェンジなしで弾けるカンタンな曲で、左手も極限まで簡単にしてあります。ゆっくり弾いても、速く弾いても遊べるようになっていますので、自由なテンポで子どもたちといっしょに遊びましょう。

軽快に

G7 C C G C G7 C
レ ソ　ミ ド　ソ ラ ソ ファ　ミ ファ ソ　レ ミ ファ
ロン ドンばし が　お ち る　お ち る
ソ ファ　ミ ド　ミ ド　ミ ド　ソ
C G7 C
ミ ファ ソ　ソ ラ ソ ファ　ミ ファ ソ　レ ソ　ミ ド
お ち る　ロン ドンばし が　お ち る　さあ どう　しま しょう ー
ミ ド　ミ ド　ミ ド　ソ ファ　ミ ド

大きな栗の木の下で

作詞：不詳　イギリス民謡

昔から愛されている手遊びのうたですね。みんなで歌うときでもあまり強く弾きすぎないで、柔らかく弾けるようにしましょう。
７小節目左手４の指がポイントになっていますので、ここを外さないように気をつけましょう。

遊び方

1 **おおきなくりの**…両手で頭の上に円を作る
2 **きの**…両手を頭に当てる
3 **した**…両手を両肩に当てる
4 **で**…両手を下におろす
5 **あなたと**…ひとさし指で相手を指す
6 **わたし**…ひとさし指で自分を２回指す
7 **なかよく**…腕を肩に当て交差させる
8 **あそびましょう**…交差させたまま体を左右に揺らす
9 **おおきな～したで**…1～4と同じ

1

8

メリーさんのひつじ

訳詞：高田三九三　アメリカ民謡

エジソンによって世界で最初に録音された歌。不思議な歌詞ですが、これは実話を元に作られたうただそうです。
右手３の指をラに、左手１の指をドと５の指をファに置けば、あとは全部弾けるという非常にカンタンな曲ですよ。

かわいらしく軽快に

F　C7　F　F
ラ ソ ファ ソ ラ ラ ラ　ソ ソ ラ ソ ファ　ラ ソ ファ ソ ラ ラ ラ
1. メ リさん の ひ つ じ
2. ど こ で も ついてい く
3. あ る と き がっこう へ
4. せ い と が わ らっ た
5. せ んせい は かんかん に
6. メ リさん は こ まっ て
ド ファ　♭シ ファ　ド ファ　ド ミ　♭シ ミ　ラ ファ　ド ファ　♭シ ファ　ド ファ
C7　F　F　C7　F
ソ ソ ソ　ラ ド ド　ラ ソ ファ ソ ラ ラ ラ (ラ)　ソ ソ ラ ソ ファ
メ エ メエ　ひ つ じ　メ リさん の ひ つ じ　ま っ し ろ ね
メ エ メエ　ついてい く　ど こ で も ついてい く　か わ いい わ ね
がっ こう へ　がっ こう へ　あ る と き がっこう へ　つ い て き た
ア ハ ハ　ア ハ ハ　せ い と が わ らっ た　そ れ を み て
お こっ て　お こっ て　せ んせい は お こっ て　お い だ し た
こ まっ て　こ まっ て　メ リさん は し く し く　な き だ し た
♭シ ミ　ド ファ　ド ファ　♭シ ファ　ド ファ　ド ミ　♭シ ミ　ラ ファ

やぎさんゆうびん

作詞：まど・みちお　作曲：團伊玖磨

とてもかわいらしい歌詞なので、ピアノもかわいく弾きましょう。
左手で１か所だけ指をくぐらせないと間に合わなくなる場所があるので、そこだけ注意してください。

かわいらしく

C F B♭ F C F F
1. しろやぎ
2. くろやぎ
F B♭ F C F F
さんから おてがみ ついた くろやぎ さんたら
さんから おてがみ ついた しろやぎ さんたら
B♭ F C F B♭
よまずに たべた しかたが ないので おてがみ
F C F B♭ F C F
かいた さっきの てがみの ごようじ なあに

もりのくまさん

訳詞：馬場祥弘　アメリカ民謡

かわいらしいストーリー性のある歌詞が人気のアメリカ民謡。保育者の後に子どもたちが合わせて歌うエコーソング形式は重宝します。左手は13小節目の「はなさく」の部分だけ注意すれば、あとは簡単ですね。

軽快に
G C C
ラ シ ラ ソ ファ ミ レ ド ソ ♯ファ ソ ミ ミ ♯レ ミ
1. あ る ー ひ もり の な
の いう こ と
が くま さ ん
ん おま ち な
さん あり が と
ソ ソ ラ シ ド ミ ド ソ ド ソ ド ソ ド
C G C
ド ミ レ ド レ ソ ラ ソ ミ ソ ラ シ ド ソ ミ ド
か くま さ ん に で あ っ た はな さ く も り の み
にゃ おじょう さ ん おに げ な さい スタ コ ラ サッ サッ サッ の
が あ と か ら つい て く る トコ ト コ トッ コ トッ コ
さい ちょ ー っ と おと し も の し ろ い か い が ら
う お れ い に うた い ま しょう ラ ラ ラ ラ ラ ラ ラ
ソ ド ソ ド ソ ド ソ シ ソ シ ソ シ ソ ド ソ ド ソ ド ソ ♯ファ ファ ミ ド ミ ド
F D7 G 1.2.3.4. C 5. C
ラ ラ シ ラ ソ ファ ミ レ ド ソ ♯ファ ソ ド
ち くま さ ん に で あ っ た 2. くま さ ん
サ スタ コ ラ サッ サッ サッ の サ 3. と こ ろ
ト トコ ト コ トッ コ トッ コ ト 4. おじょ う さ
の ちい さ な イ ヤ リ ン グ 5. あら く ま
ラ ラ ラ ラ ラ ラ ラ ラ ラ ー
ファ ド ファ ド ♯ファ ド ソ ソ ラ シ ド ミ ド ド ソ ミ ド

すうじの歌

作詞：夢虹二　作曲：小谷肇

子どもたちに数字の順番を覚えてもらうのに最適な曲。実際に絵を描いて、文字としても覚えられるようにしてあげましょう。
右手が１か所だけ指をくぐらせる場所がありますが、そこでくぐらせなくても、最後の５の指さえ間に合えばなんとかなります。

元気よく
C G C C
ド シ ラ ソ ラ シ ド ド レ ミ ファ ソ ソ ソ
1.すうじのいちは
2.すうじのにーは
3.すうじのさんは
4.すうじのしーは
5.すうじのごーは
6.すうじのろくは
7.すうじのしちは
8.すうじのはちは
9.すうじのきゅうは
10.すうじのじゅうは
ミ ファ ソ ファ ミ ミド ミド ミド ミド ミド
F C C G C
ラ ミ ソ ド シ ラ ソ ラ シ ド
なーーに こうばのえんとーつ
なーーに おいけのがちょーう
なーーに あかちゃんのおみーみ
なーーに かかしのゆみーや
なーーに おうちのかぎーよ
なーーに たぬきのおなーか
なーーに これたラーッパ
なーーに たなのダルーマ
なーーに おたまじゃくーし
なーーに えんとつとおつきさま
ファド ミド ミ ファ ソ ファ ミ ミド ミド

3
定番・人気

ゆかいな牧場

訳詞：小林幹治　アメリカ民謡

原題は『マクドナルド爺さんの農場』でアメリカ民謡です。
歌詞以外の動物も保育者が歌って「なんて鳴くかな？」と問いかけて、子どもたちがそれに答えて歌う、という方式でも楽しめます。

あかるく元気よく
1. いち ろう さん の まき ば で イー アイ イー アイ オー おや ない てる の は ひ よ こ
2. じ ろう さん の まき ば で イー アイ イー アイ オー おや ない てる の は あ ひ る
3. さぶ ろう さん の まき ば で イー アイ イー アイ オー おや ない てる の は しち めん ちょう
4. し ろう さん の まき ば で イー アイ イー アイ オー おや ない てる の は こ ぶ た
5. ご ろう さん の まき ば で イー アイ イー アイ オー おや ない てる の は こ う し
6. ろく ろう さん の まき ば で イー アイ イー アイ オー おや ない てる の は ろ ー ば

F B♭ F F F B♭
ラ ラ ソ ソ ファ ド ファ ファ ファ ド ファ ファ ファ ファ ファ ファ ファ
イー アイ イー アイ オー あら チッ チッ チ ほら チッ チッ チ あっ ちも こっ ちも
イー アイ イー アイ オー あら クワックワックワッ ほら クワックワックワッ あっ ちも こっ ちも
イー アイ イー アイ オー あら グル グル グル ほら グル グル グル あっ ちも こっ ちも
イー アイ イー アイ オー あら オィンオィンオィン ほら オィンオィンオィン あっ ちも こっ ちも
イー アイ イー アイ オー あら モー モー モー ほら モー モー モー あっ ちも こっ ちも
イー アイ イー アイ オー あら ヒー ホー ホー ほら ヒー ホー ホー あっ ちも こっ ちも
ド ♭シ ラ ラ ラ ラ ラ ラ ラ ラ ラ ラ ♭シ
ファ ファ ファ ファ ファ ファ ファ ファ ファ ファ ファ ファ ファ
F B♭ F B♭ F B♭ F
ファ ファ ファ ファ ファ ファ ファ ド レ レ ド ラ ラ ソ ソ ファ
どこ でも チッ チッ いち ろう さん の まき ば で イー アイ イー アイ オー
どこ でも クワックワッ じ ろう さん の まき ば で イー アイ イー アイ オー
どこ でも グル グル さぶ ろう さん の まき ば で イー アイ イー アイ オー
どこ でも オィンオィン し ろう さん の まき ば で イー アイ イー アイ オー
どこ でも モー モー ご ろう さん の まき ば で イー アイ イー アイ オー
どこ でも ヒー ホー ろく ろう さん の まき ば で イー アイ イー アイ オー
ラ ♭シ ラ ラ ♭シ ♭シ ラ ド ♭シ ラ ラ ラ
ファ ファ ファ ファ ファ ファ ファ ファ ファ ファ ファ ファ

3
定番・人気

はたらくくるま

作詞：伊藤アキラ　作曲：越部信義

1980年にフジテレビ『ひらけ！ポンキッキ』で放送され大人気となり、続編の2、3もでた歌。親子で楽しめます。右手が忙しいので、和音は少なくしています。車の名前を呼ぶ小節の右手のリズムが苦手なら、弾かないで子どもといっしょに声を出しましょう。

G D G
しゃ 「きゅうきゅうしゃ」 ビルのかじには はしーごしょうぼう しゃ
しゃ 「レッカーしゃ」 ガソリンまんたん はいたつタンクロー リー
ー 「ショベルカー」 じゃりをいっぱい つめこむダンプカ ー
G7 C Bm Em
「しょうぼうしゃ」 「タンクローリー」 「ダンプカー」
いろんな くるまがー あるんだ なぁ
Am A D
いろんな おしごとー あるんだ なぁ
G C D G D G
はしる! はしる! はたらくくるーま ー
1.2. 3.

アルプス一万尺

作詞：不詳　アメリカ民謡

有名な手遊びうたですが、歌詞にはトラップがいっぱいあることで有名な曲です。「一万尺」「小槍」「のみ」は子どもになじみのない言葉なので、説明してあげましょう。全体的に弾んで演奏するとかわいらしくなりますよ。

元気よくはずんで
1.アルプス いちまんじゃく こやりの うえで アルペン おどりを おどりま しょ ヘイ!
2.きーのう みたゆめ でっかいちいさい ゆめだよ のーみが リュックしょって ふじとざ ん ヘイ!
3.いちまん じゃーくに テントを はれば ほーしの ランプに てがとど く ヘイ!
ランラララ ララララ ランラララ ラララ ランラララ ララララ ララララ ラ

遊び方 ふたりひと組になって遊びます。

1 ア

両手打ちをする

2 ル

右手と右手を合わせる

3 プ

1と同じ

4 ス

左手と左手を合わせる

5 いち

1と同じ

6 まん

両手と両手を合わせる

7 じゃ

1と同じ

8 く

それぞれが両手を組んで合わせる

9 こやりのうえで～ララララララ

1～8を7回繰り返す

どんな色がすき

作詞・作曲：坂田修

『おかあさんといっしょ』で歌われていた曲です。歌詞の中では４色が出てきますが、ひとりひとりに聞いて、その色の歌詞を作っていくのも楽しめますね。左のコードが２拍おきに変わる場面が多いので、動きをしっかりと覚えましょう。

元気よく
C F F B♭ F
ソ ソ ファ レ ド レ ミ ファ
ラ ソ ファ レ ド レ ファ ラ
1.どんないろがすき「あか」
2.どんないろがすき「あお」
3.どんないろがすき「きいろ」
4.どんないろがすき「みどり」
5.どんないろがすき「ぜんぶ」
F C C7 B♭ B♭m A Dm
ラ ラ ラ ド ド ド ラ ファ ソ ファ ファ ファ ファ ファ ファ ソ ラ ラ ラ ソ ファ
あかいいろーがすき いちばんさきに なくなるよ
あおいいろーがすき いちばんさきに なくなるよ
きいろいいろがすき いちばんさきに なくなるよ
みどり いろがすき いちばんさきに なくなるよ
ぜんぶのいろがすき みーんないっしょに なくなるよ
Gm C F F Gm7
ソ ソ ファ レ ド レ (ファ) ファ ド ド ファ ファ レ レ ソ ソ
あかいクレヨン
あおいクレヨン
きいろいクレヨン
みどりのクレヨン
ぜんぶのクレヨ
いろ いろ いろ いろ
×4times

C C7 F
ミ ミ ミ ミ レ レ ミ ミ ファ ソ ラ ド ド ファ ファ
いろんないろがあ る ー ー いろ いろ
ド ド ♭シ ♭シ ラ ♭シ ド ♭シ ラ ラ ラ ラ
ソ ソ ソ ソ ファ ファ ファ ファ
Gm7 C C7 F
レ レ ソ ソ ミ ミ ミ ミ レ レ ミ ミ ファ
いろ いろ いろんないろがあ る
♭シ ♭シ ♭シ ♭シ ド ド ♭シ ♭シ ファ ド レ ミ
ファ ファ ファ ファ ソ ソ ソ ソ
5
D.S.
F Gm C F
ファ ソ ソ ファ レ ド レ ファ ファ ファ
ラ
ン ぜんぶのクレヨ ン
4
ファ ファ ソ ラ ♭シ ソ ラ ド ファ
レ ミ ファ

ふしぎなポケット

作詞：まど・みちお　作曲：渡辺茂

子どもの夢が詰まったこの曲は、前半と後半で曲のテンポが変わります。前半の左手はスタッカートぎみに軽快に。後半は両手ともしっかりと弾きましょう。後半のテンポは自由に変えてもOKですが、参考テンポは70くらいです。

そうだったらいいのにな

作詞：井出隆夫　作曲：福田和禾子

子どもの「そうだったら」がいっぱい詰まった名曲です。××の部分は子どもたちに自由に呪文を言ってもらいましょう。
右手に必ず指をくぐらせる場所があるので、そこで詰まらないように気をつけましょう。

たのしそうに
G　C　C　F　G　C　C　G
1.~6. そーうだったら
いいのにな
そーうだったら
いいのにな
Fine
うちのおにわが　ジャングルで　こいぬのタローが　ライオンだ
チビッコギャングの　おやぶんで　おおきなゴリラが　ようじんぼう
サンタクローース　つかまえて　うちだけまいばん　クリスマス
ママがこどもに　なっちゃって　わたしがかわりに　おかあさん
はねがせなかに　はえてきて　きれいなチョウチョの　バレリーナ
マホーつかいと　きょうだいで　こまったときーは　×××××
D.S.

ホ!ホ!ホ!

作詞：伊藤アキラ　作曲：越部信義

『おかあさんといっしょ』などで昔から歌われている定番曲のひとつ。不思議なオノマトペに子どもたちも大喜びです。
イントロの右手の運指を注意しないと最後で詰まります。５段目の左手は多少音が切れてもいいので、正確に音を押しましょう。

ほがらかに
Dm D7 G C
C Am
Dm G C
1. たのしい メロディー わすれた ときはー
2. あいたい ひとにー あいたい ときはー
よんでみ ようよー あおぞらにー
よんでみ ようよー そのなまえー

C
ソ ド ソ ド
ホ ホ ホ ホ
ソ ド ソ ド ソ ド ソ ド
ユ レ ユ レ ユ レ ユ レ
Am
ミ ラ ミ ラ
ホ ホ ホ ホ
ミ ラ ミ ラ ミ ラ ミ ラ
ユ レ ユ レ ユ レ ユ レ
Dm
レ ミ ファ レ
A
ミ ファ ソ
D
♯ファ ソ ラ ♯ファ
G
ソ ラ シ
かえって くるよー あのメロ ディーがー
かえって くるよー あのほほ えみがー
C
ソ ド ソ ド
ホ ホ ホ ホ
ソ ド ソ ド ソ ド ソ ド
ユ レ ユ レ ユ レ ユ レ
Am
ミ ラ ミ ラ
ホ ホ ホ ホ
ミ ラ ミ ラ ミ ラ ミ ラ
ユ レ ユ レ ユ レ ユ レ
Dm
レ ミ ファ ソ
D7
ラ シ ド
G
ソ ラ ♭ミ レ ド
C
よんでみ ようーよー あーおぞらにー
よんでみ ようーよー そーのなまえー

クラリネットこわしちゃった

訳詞：石井好子　フランス民謡

元はフランスの行進曲だったようですが、日本では『みんなのうた』などで紹介され50年以上長く親しまれている曲です。
珍しく右手に和音が出てきますが、難しい人は下の音は省略してもだいじょうぶです。

リズミカルに

G C C
1.ぼくのだいすきな クラリネット
2.ドとレとミのおと がでない
C A Dm
パパからもらった クラリネット
ドとレとミのおと がでない
とって もだいじに してたのに
とって もだいじに してたのに
パパ もだいじに してたのに
G7 C G C G C
こわれてでないおと がある どうしよう どうしよう
こわれてでないおと がある どうしよう (コラ!) どうしよう (コラ!)
みーつけられたら おこられる どうしよう (オー!) どうしよう (オー!)
オ

C A Dm G C
ミ ミ ミ ミ ソ ミ ミ ミ ミ ソ ラ ソ ファ ミ レ ミ ファ ファ レ レ レ レ ファ レ レ レ レ ファ ソ ファ ミ レ ド
パキャマラ ド パキャマラ ド パオ パオ パンパンパンオ パキャマラ ド パキャマラ ド パ オ パ オ パ
ド ソ ド ♭シ ラ ♯ド レ ド シ ソ シ ソ シ ソ ミ ド ソ
C
ド ド ド ド ド ド ド ド ド ド ド ド ド ド ド レ ミ レ ド ソ ミ ド ミ ド ミ ド ミ ド ミ ド ミ ド ミ ド ミ ド
ド と レ と ミ と ファ と ソ と ラ と シ の お と が で な い ド と レ と ミ と ファ と
ド ソ ド ソ ド ソ ド ソ ド ソ ド ソ ド ソ ド ソ
ミ ド ミ ド ミ ド ミ ド ミ ド ミ ド ミ ド ファ レ ソ ミ ファ レ ミ ド ド
ソ と ラ と シ の お と が で な い
ド ソ ド ソ ド ソ ド ソ
D.S.
G C G7 C
ソ ファ ミ レ ド ソ ファ ド ミ
パ オ パ オ パ オ パ
ソ シ ド ソ ド

3
定番・人気

うたえバンバン

作詞：阪田寛夫　作曲：山本直純

左手はたくさん音があるように見えますが、オクターブで弾いている部分がほとんどで、あまり音は動きません。
だから怖がらずにトライしてみてください。

G7 C Fm C
mp
えは アイ アイ アイー せかい いっぱい いっぱい いーっぱい ララ
そら アイ アイ アイー あたら しいひが いま ララ
えは アイ アイ アイー うちゅう いっぱい いっぱい いーっぱい ララ
G G7 C A
mf
ひびきあ うー
やってく るー うたう たえーうたう たえーうたえ バンバンバンバン
ひびきあ うー
Dm G7 C
バーンうたう たえーうたう たえーうたえ バンバンバンバン バーン
C G7 C
f
バーン

ドロップスのうた

作詞：まど・みちお　作曲：大中恩

1963年に『みんなのうた』で放送されて以来、『おかあさんといっしょ』などでも歌われている名曲。
子どもが好きなドロップをファンタジックに描いています。途中で変わる歌の表情をうまく表現できるようにしましょう。

たのしく
mf C G7 C mf C
1.むかし なきむし
2.むかし なきむし
G C
かみさまが あさやけみて ないて ゆうやけみて ないて
かみさまが かなしくても ないて うれしくても ないて
かなしげに
E Am Dm
まっかな なみだが ぽろん ぽろん きいろい なみだが
すっぱい なみだが ぽろん ぽろん あまい なみだが

楽しげに
E Dm G7 C Am
ぽろん ぽろん
ぽろん ぽろん
それが せかいじゅうに ちらばって
Dm G7 C
いまでは ドロップス ー
こども が
こども が
G C G7 C
なめます ぺろん ぺろん おと な が なめます ぺろん ぺろん
たべます ちゅるん ちゅるん おと な が たべます ちゅるん ちゅるん

手のひらを太陽に

作詞：やなせたかし　作曲：いずみたく

『みんなのうた』で1962年に放送されて以降、いろいろなアーティストがカバーしている曲。喜怒哀楽は生きている証《あかし》。つらいときに前向きになれる歌です。左手のポジション移動はほとんどないので簡単です。

B♭ F C7 F
レ ♭シ ファ ファ レ ド ♭シ ラ ♭シ ド ソ ラ ソ ラ ソ ♭シ ラ
て のひらを たいように すかしてみ れ ば
♭シ ファ ♭シ ファ ラ ファ ラ ファ ラ ファ ド ミ ド ミ ラ ファ ラ ファ ラ ファ
B♭ F G C
レ ミ レ ド ド ド ラ ソ ♯ファ ソ ラ シ ド ド ド ド
まっ か に なが れる ぼくのち し お
みみず
とんぼ
♭シ ファ ♭シ ファ ラ ファ ラ ファ ラ ファ シ ソ シ ファ ド ミ ド ミ ♭シ ミ
F B♭ C F
ラ ファ ド ド ド ♭シ ソ ド レ ド レ ド ラ
だっ て おけら だっ てー あめんぼだっ て
だっ て かえる だっ てー みつばちだっ て
ラ ファ ラ ファ ♭シ ファ ♭シ ファ ド ミ ド ミ ラ ファ ラ ファ ラ ファ
B♭ F C F C F
♭シ ♭シ ラ ラ ソ ソ ソ ラ ラ ファ ファ ド ド ド ド レ ミ ファ
みん なみん な いきているんだ ともだちな ん だ
レ ファ ド ファ ド ミ ド ファ ♭シ ミ ♭シ ミ ラ ファ ラ ファ ラ ファ

まほうのおまじない

作詞・作曲：柚梨太郎

「なきむし」の部分はだれかの名前に変えられるので、子どもたちが覚えてふだんの園生活の中で泣いている子や、しょぼんとしている子に歌ってあげられるようになるといいですね。

元気よくほがらかに
1.2.げ ん
き だ せ ー げ ん
き だ せ ー
な き む し げ ん き だ
(○ ○ く ん)
せ マ ホ
ま ほう の ー お ま
じ な い ー
と な え れ ば へ い き
さ
マ ハ リ ク マ ハ マ ハ
ハ ラ ヒ レ ナン ジャ モン ジャ
ヒ ラ ケ ゴ マ ゴ マ
ス マ イ ル エッ サイ ム

イナクタイブージョ イダブ げん きだせー げん きだせー
イナクワコブージョ イダブ
なきむしげんきだ せ マホ まほうのー おま じないー
(○○くん)
となえればへいき さ
さ

3
定番・人気

にんげんっていいな

作詞：山口あかり　作曲：小林亜星

『まんが日本昔ばなし』のエンディング曲ですが、アニメが終わった今でも有名な曲。全体的に左手でビートを刻むので、左手が転ばないように気をつけましょう。イントロと（　）の部分は原曲そのままで構成してあり、非常に難しいので無理をして弾かなくてもいいです。

元気よく
1.くまのこみていた　かくれんぼ　おしりをだしたこ　いっとうしょう
2.もぐらがみていた　うんどうかい　びりっこげんきだ　いっとうしょう
ゆうやけこやけで　またあした　またあした

Em Bm C Bm Em
ソ ♯ファ ミ ♯ファ レ シ ミ ミ ソ ♯ファ レ ミ
いいな いいな にんげんって いいな
C G A A7 D D7
ミ ソ ソ ソ ソ ソ ミ ミ レ レ シ レ ミ レ ミ ミ (ミ) ミ ♯ファ ソ ソ ♯ファ ミ ♯ファ (♯ファ) ♯ファ ミ ♯ファ ソ ラ
おいしいおやつに ほかほかごはん こどものかえりを まってるだろな
みんなでなかよく ポチャポチャおふろ あったかいふとんで ねむるんだろな
G B7 C A7 G C 1. D G
シ シ シ ラ シ ラ ソ ソ ラ ソ ♯ファ ミ レ シ ラ ラ ラ ソ ソ ミ レ ミ ソ
ぼくもかえろ おうちへかえろ でんでんでんぐりがえって バイバイバイ

にんげんっていいな

G C G D G F♯
ソ ソ ラ シ ミ ミ レ ド シ ソ ラ ラ ソ
2.
D G Em Bm C Bm Em
レ ミ ソ ソ ♯ファ ミ ♯ファ レ シ ミ ミ ソ ♯ファ レ ミ
バイ バイ バイ いいな いいな にんげんって いいな
C G A A7 D D7
ミ ソ ソ ソ ソ ソ ミ ミ レ レ シ レ ミ レ ミ ミ ミ ♯ファ ソ ソ ♯ファ ミ ♯ファ ♯ファ ♯ファ ミ ♯ファ ソ ラ
みんなでなかよく ポチャポチャおふろ あったかいふとんで ねむるんだろな
G B7 C A7 G C D G
シ シ シ ラ シ ラ ソ ソ ラ ソ ♯ファ ミ レ シ ラ ラ ラ ソ ソ ミ レ ミ ソ
ぼくもかえろ おうちへかえろ でんでんでんぐりがえって バイ バイ バイ

たのしいね

作詞：山内佳鶴子（補作詞：寺島尚彦）　作曲：寺島尚彦

みんなで遊べる遊戯うた。音楽会の発表曲としても使える有名な曲です。
同じ音の連打が多いので、そこで転ばないように気をつけましょう。（　）の音は指が届かない場合は弾かなくてOKです。

元気よく
C F F B♭
1.た のし いー ね りょう
2.た のし いー ね くー
C F B♭ C
て をあ わす と たのしいー ね パチ ンとおとがす
ち をあ ける と たのしいー ね いろ んなこえがす
F F B♭ C F B♭
る あ なたのみぎて わ たしのひだりて あ わせ てみ よう（ほらね）
る あ なたのこえと わ たしのこえと あ わせ てみ よう（ほらね）
F B♭ F C C7 F C F
ぐーっ とすてきな おとがする ぐーっ とあかるい おとがする おとがする
ぐーっ とすてきな うたになる ぐーっ とあかるい うたになる うたになる

3
定番・人気

アルゴリズム体操

作詞：佐藤雅彦、内野真澄　作曲：佐藤雅彦研究室

大人気テレビ番組『ピタゴラスイッチ』からのヒット曲。右手が意外に難しいので、その分左手はカンタンにしてあります。体操の曲なので、多少ゆっくりでもいいですから、テンポが崩れない速さで弾くようにしましょう。

F
F テンポを少しはやめに
C
ぐるぐるぐる ぐるぐるぐる ぐ ー る ぐる ぱっ ちん ぱっ ちん ガ シ ン ガシン
C
F 二回目は徐々にゆっくりゆったりと
F
ぱっ ちん ぱっ ちん ガ シ ン ガ シン すっ て は く の が
C
C7
F
しん こ きゅ う すっ て は く の が しん こ きゅ う

遊び方

横一列に並んで遊びましょう。

1 こっちむいて

右を向く

2 ふたりで

前の人は腰に手を当て、後ろの人は前ならえをして、前の人のうでの間に手を通す

3 まえならえ

戻って前を向く

4 あっちむいて～まえならえ

1～3を逆方向を向いて繰り返す

1～4を2回繰り返す

5 てを

右の人は手をグーにして前に。左の人は頭を上に

6 よこに

右の人は左に手を振り、左の人はしゃがむ

7 あら

戻って前を向く

8 あぶない～だいじょうぶ

5～7を左右逆にして繰り返す

5～8を2回繰り返す

9 ぐるぐるぐる ぐるぐるぐる

それぞれかいぐりをする

10 ぐーるぐる

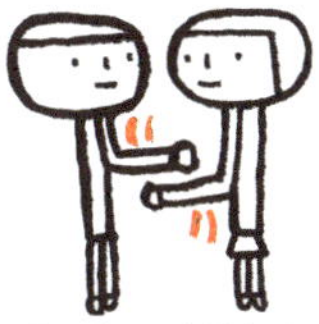

ふたりでかいぐりをする

9～10を2回繰り返す

11 ぱっちんぱっちん

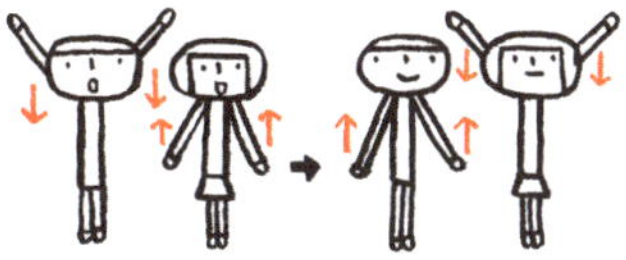

手のひらを進行方向に向けて
右の人は上→下→上に
左の人は下→上→下に

12 ガシン　ガシン

それぞれひじを曲げて
右手、左手と上げる

13 ぱっちん～ガシン

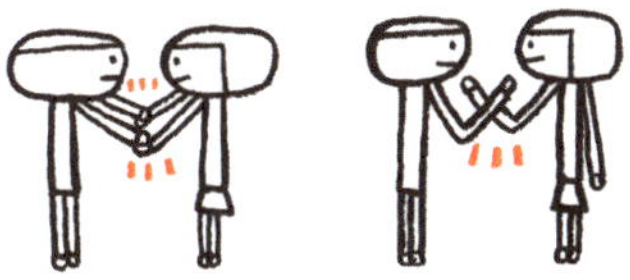

右の人は左回り、左の人は右回りで
ぱっちんぱっちんガシンガシンで90度ずつ回って前に戻ってくる

14 すってはくのがしんこきゅう（2回繰り返す）

深呼吸をする

勇気100%

作詞：松井五郎　作曲：馬飼野康二

NHKの長寿アニメ『忍たま乱太郎』の人気オープニング曲より。サビの部分は右手で和音、左手でベースというタイプに変わります。右手の下の音は弾かなくてもいいのですが、ないとやっぱり寂しいのでがんばって弾けるようになってください。

元気よく

F G Em Am D7 G
いときはいつーだってーそばにいるーからーゆめ
とおいかけてーゆけるーかぜがすきーだよーきの
Am Em E Am
はでかくなけりゃーつまらないだろうー
うとべなかったーそらがあるならー
Dm D G
むねをたたいてぼうけんしようーHey! Hey! そうさ
いまあるチャンスつかんでみようーHey! Hey! そうさ
C G Am Em
ひゃくパーセントゆーうきもうがんばるしかなーいさこの
ひゃくパーセントゆーうきさあとびこむしかなーいさまだ
ひゃくパーセントゆーうきもうがんばるしかなーいさこの

勇気100%

F C Am Am/F♯ D G
ラ シ ド ド シ ラ ソ ド ミ ド レ ミ ミ レ ド レ ド レ
ファ ソ ラ ミ ラ シ ド ド シ ラ シ ソ シ
せかいーじゅうの げんきーだき しめながら ーそうさ
なみだーだけで おわるーとき じゃないだろう ーそうさ
せかいーじゅうの げんきーだき しめながら ーそうさ
ファ ファ ファ ファ ミ ミ ラ ラ ♯ファ ♯ファ レ レ ソ ソ ソ シ
C G Am Em
ミ ミ ミ ミ レ ド ミ レ レ ミ レ ド ド ド ド ド ラ ド シ シ ド シ
ド ド ド ド ソ ド シ シ ラ ラ ラ ラ ラ ソ ソ ラ ソ
ひゃくパーセントゆ ーうき もう やりきるしかな ーいさ ぼく
ひゃくパーセントゆ ーうき もう ふりむいちゃいけ ーない ぼく
ひゃくパーセントゆ ーうき もう やりきるしかな ーいさ ぼく
ド ド ド ド ソ ソ ソ ♯ソ ラ ラ ラ ラ ミ ミ ミ ミ
F C Am FM7 FmM7
ラ シ ド ド シ ラ ソ ソ ド ミ ド レ ミ レ レ ミ レ ド シ
ファ ソ ラ ミ ミ ラ シ ラ ラ ラ ♯ソ ♯ソ ♯ソ ♯ソ
たちがーもてる かがやきーえい えんに わすれな
たちはーぼくた ちらしくーどこ までも かけてゆ
たちがーもてる かがやきーえい えんに わすれな
ファ ファ ファ ファ ミ ミ ラ ラ ファ ファ ファ ファ ファ ファ ファ ファ

1.
2.
C
G
E7
Am
レ ド ド
ソ ソ ソ
ソ ソ
ド シ
ド シ
ド ド ド レ
い で ね ー
く の さ ー
い で ね ー
た と え さ み し
ド ド ド ド ソ ソ ラ シ
ミ ♯ソ シ レ
ラ ド ミ ラ
Em
E7
Am
F
D
シ ラ ソ
♯ソ ♯ソ レ
レ ド シ ド
ラ ラ ラ ラ ラ ラ ラ
シ ド シ ラ
す ぎ る ー
よ る が
き た っ て ー
あ た ら し い あ さ
か な ら ず
ミ ソ シ ミ
ミ ♯ソ シ レ
ラ ド ミ ラ
(ソ)
ソ
レ レ レ レ
ファ ファ ファ ファ
レ レ レ レ
♯ファ ♯ファ ♯ファ ♯ファ
G
ラ ソ ソ
ソ ソ ド レ
シ シ ソ シ
く る さ ー
そう さ
レ レ レ レ
ソ ソ ソ ソ
ソ ソ ソ シ
D.S.
C
B♭
C
ミ
ソ
ファ ファ ソ
ド レ ミ
ド ド ド ド ♭シ ♭シ ド

3
定番・人気

となりのトトロ

作詞：宮崎駿　作曲：久石譲

子どもに特に人気のあるスタジオジブリアニメより。イントロの16分音符は無理には弾かなくてもいいです。
キレのいいスタッカートの部分と、滑らかに弾くそれ以外の部分の緩急をうまく使い分けて弾いてください。

F
C
Dm
Am
ファ ミ ファ ド
ちっ さ な め ー
あ な た の ー
ファ ミ ファ ド
は え た ら ー
あ ま ガ サ ー
ラ ラ ラ
ファ ファ ファ
ソ ソ ソ
ミ ミ ミ
ファ ファ ファ
レ レ レ
ミ ミ ミ
ラ ラ ラ
Gm
Gm7♭5
F
Am
♭シ ♭シ ♭シ ♭シ ♭シ ラ ソ ♭シ
ひ み つ の あ ん ご う ー
さ し て ー あ げ ま しょ ー
ソ ラ ♭シ
も り へ
も り へ
ラ ラ ラ ソ ファ ラ
の パ ス ポ ー ト ー
の パ ス ポ ー ト ー
レ レ レ
ソ ソ ソ
♭レ ♭レ ♭レ
ソ ソ ソ
ド ド ド
ファ ファ ファ
ミ ミ ミ
ラ ラ ラ
B♭
G7
C
mf
レ ミ ファ ソ レ
す て き な ぼ
ま ほ う の と
レ ミ ファ ソ ファ ド
ー うけん は じ ま る ー
ー び ら あ き ま す ー
ファ ソ ラ ♭シ
と な り の
と な り の
ファ ファ ファ ファ
♭シ ♭シ ♭シ ♭シ
ファ ファ ファ ファ
シ シ シ シ
ミ ミ ミ ミ ミ
ド ド ド ド ド

3

定番・人気

となりのトトロ

F C C♯dim Dm
ド ラ ファ ド ♭シ ソ ♭シ ソ ミ ♭シ ラ ファ
トトロトト ーロ トトロトト ーロ
トトロトト ーロ トトロトト ーロ
トトロトト ーロ トトロトト ーロ
ラ ファ ラ ファ ラ ファ ラ ファ ミ ド ミ ド ミ ド ミ ド ソ ド ソ ド ソ ♯ド ソ ♯ド ファ レ ファ レ ファ レ ファ レ
mp Gm7♭5 F Dm B♭ Bm7♭5 C mf
♭レ ファ ♭シ ラ (♭シ)ド ファ ラ ♭シ ラ ♭シ ラ ♭シ ラ ファ ソ ファ ソ ラ ♭シ
もりの なかにー む かしからすんでる ー となりの
つきよ のばんにー オ カリナふーいてる ー となりの
もりの なかにー む かしからすんでる ー となりの
ソ ♭シ ソ ♭シ ファ ラ ファ レ ファ ♭シ ファ シ ソ ド ソ ド
F C C♯dim Dm
ド ラ ファ ド ♭シ ソ ♭シ ソ ミ ♭シ ラ ファ
トトロトト ーロ トトロトト ーロ
トトロトト ーロ トトロトト ーロ
トトロトト ーロ トトロトト ーロ
ラ ファ ラ ファ ラ ファ ラ ファ ミ ド ミ ド ミ ド ミ ド ソ ド ソ ド ソ ♯ド ソ ♯ド ファ レ ファ レ ファ レ ファ レ

mp
B♭ C Am7 Dm B♭ C
レ レ ド ♭シ ラ ♭シ (ド)ド ファ ファ ラ ♭シ ラ ファ ♭シ ラ ファ レ ド
こどものとき にだけ あ なたにおとずれる —
もしもあえた な ら す てきなしあわせが —
こどものとき にだけ あ なたにおとずれる —
C mp C7 F 1. 2. C
ド ド ♭シ ラ ソ ラ ファ ミ ファ ソ ファ ソ ラ ♭シ
ふしぎなであ い
あなたにくる わ となりの
ふしぎなであ
D.S.
だんだんゆっくりと
F Gdim C C7 F
ファ ♭レ ファ ラ ソ ファ ミ ファ
い

小さな世界

作詞・作曲：R.M. シャーマン& R.B. シャーマン　日本語詞：若谷和子

ディズニーの名曲はアニメのために作られたものがほとんどですが、この曲はアトラクションのために作られたテーマ曲という少し変わり種です。最初の「シドレ」で指の入れかえを忘れないようにしましょう。

G Gsus4 D7 G
ソ ソ シ ソ ラ ラ ラ ラ ラ ド ラ シ シ シ
せ か い は せ ま い せ か い は お な じ
ラ ラ ラ ラ ラ ラ ラ ラ ラ ラ ラ ラ ラ ラ
シソ シソ シソ シソ ドソ ドソ ドソ ドソ ド♯ファ ド♯ファ ドレ ドレ シソ シソ シソ シソ
G G/F C Cm 1.2.3. D7 G
シ シ レ シ ド ド ド シ ラ レ ♯ファ ソ シ ド
せ か い は ま る い た だ ひ と つ
ラ ラ ラ ラ ラ ラ ラ ち い
2.せ か
3.か ぎ
4.せ か
シソ シソ シファ シファ ドミ ドミ ド♭ミ ド♭ミ ドレ ドレ シソ レ ソ
4. D7 G
レ ド シ ラ ソ
さ な せ か い ー
ドレ ドレ ドレ ドレ ドレ レ ミ ♯ファ ソ レ ソ レ シソ

劇あそびにも使える！ BGM & 効果音

和風・洋風 BGM

BGMに使うときのヒント

1 和風

オープニング以外に、場面転換や子どもたちの動きに合わせたBGMとしても使えます。

2 洋風 その1

優しい風が吹いている場面や、水が流れている場面など、穏やかな雰囲気が出せます。

3 洋風 その2

オープニングだけでなくエンディングにも使えます。少し速く弾けば踊る場面でも使えます。

ほかにもこんな曲が使えます

＊『なべなべそこぬけ』…和風

＊『北風小僧の寒太郎』(P.111)
前奏…和風

＊『大きな栗の木の下で』(P.205)
前奏…洋風

＊『ロングロングアゴー』
…洋風

オープニングや登場曲、テーマ曲にも！

1 和風（日本の昔話の劇など）

『ひらいたひらいた』わらべうた

2 洋風（世界名作の劇など） その1

『夢路より』より　作曲／フォスター

3 洋風（世界名作の劇など） その2

『ドイツのおどり』より　作曲／J. ハイドン

明るい・元気・悲しいBGM

4 明るい

『アマリリス』より　フランス民謡

5 元気

『チクタク時計』より　作曲／チェルニー

Allegretto

6 悲しい

『バイエル（原著 93）』より　作曲／バイエル

Moderato

BGMに使うときのヒント

4 明るい

楽しく何かをしている場面に使えます。歌詞を付けて歌ってみるのもいいでしょう。劇遊びの雰囲気が盛り上がります。

5 元気

元気よく動くときに使えます。ミに♭を付けると、寂しい・悲しい場面に早変わりします。

6 悲しい

気持ちを込めて悲しい雰囲気を演出するときにピッタリです。バイエル（教則本）の中から選んでいます。

ほかにもこんな曲が使えます

＊『山の音楽家』（P.97）…明るい
＊『もりのくまさん』（P.208）前奏…明るい・元気
＊『ピクニック』（P.102）前奏…明るい・元気
＊『きのいいアヒル』…明るい・元気
＊『ドナドナ』…悲しい
＊『ちいさなこのみ』…悲しい

知っておくと便利な弾き方

★明るい曲を悲しい曲に変えるには、♭を付けてみましょう。（ハ長調ならミとラ）
★わらべうたに伴奏を付けるとき、ラ・ミの和音を弾くと、和の雰囲気がよく出ることが多いです。
★挙げている以外にも童謡の前奏には、劇遊びに合う曲がたくさんあります。弾きやすいものをいろいろ試してください。

動きのBGM

歩く・走る・スキップ・ジャンプ!! 登場曲にも使える

7 歩く（登場の場面など） その1

『こいぬのマーチ』より　外国曲

8 歩く（登場の場面など） その2

『お誕生日マーチ』より　作曲／ケーラー

9 スキップ

『くちぶえ吹きと子犬』より　アーサー・プライヤー

10 ジャンプ

『出してひっこめて』より　外国曲

BGMに使うときのヒント

7 歩く その1

♪ミドミドミソソ～と、一度は聞いたことのあるメロディーです。速さや高さを変えるだけで、歩く以外の場面でも多用できます。

8 歩く その2

歩く場面だけでなく、登場曲としても使えます。このようなマーチを1曲覚えておくと便利です。

9 スキップ

場面転換や元気な場面、楽しい場面にも使えます。ラララと歌詞を付けて歌っても楽しいです。

10 ジャンプ

軽く連続跳びをするときに使えます。ウサギなどの小さな動物の動きにもピッタリです。

ほかにもこんな曲が使えます

＊『おもちゃのマーチ』…歩く

＊『ちょうちょう』（P.29）…歩く

＊『はたけのポルカ』…スキップ・はねる

＊『白熊のジェンカ』…ジャンプ

＊『セブンステップ』…ジャンプ・回る

11 走る（追いかけっこの場面など） その1

『元気なこども』より　ドイツ民謡

12 走る（追いかけっこの場面など） その2

『おかへのぼろう』より　イギリス民謡

13 回る

『あまだれぼうや』より　外国曲

BGMに使うときのヒント

11 走る その1

右手のメロディのリズムを付点にすると、スキップの動きにも使えます。

12 走る その2

元気よく軽快に弾きましょう。楽しいときのBGMやダンス曲にも使えます。

13 回る

その場で回転するときや、雨だれのBGMとして、また強弱をつけて弾くと波のBGMとしても使えます。

ほかにもこんな曲が使えます

＊『わらの中の七面鳥』
…走る・スキップ

＊『むすんでひらいて』（P.202）…どんな動きにも

＊『きらきら星』（P.58）
…歩く・走る

知っておくと便利な弾き方

★『きらきら星』（P.58）をアレンジしてみましょう。付点を付けるとスキップ曲、左手を和音にして力強く弾くとジャンプ曲、ミとラに♭を付けると悲しい曲に（ハ長調の場合）。

★同じ曲でも1オクターブ上で、軽く弾くと退場にも使えます。音の変化を子どもたちへの合図にするといいですね。

あるのと無いのとでは大違い!?効果音

子どものちょっとした動きや気持ちの表現などに合わせて、効果音を入れてみましょう。

1 やったー

がんばった、うれしい、達成した、みんなで力を合わせたときなど。

2 うれしい

作曲／寺田雅典

いいことがあった、気分が盛り上がった、欲しい物が手に入ったときなど。

3 怒る

いやなことがあった、目的の物を先に取られた、怒りを表現するときなど。

4 驚く

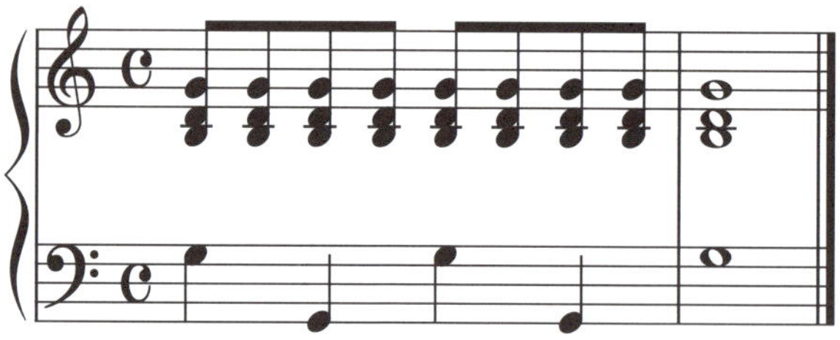

予想外のことがあってドキッとしたとき、びっくりしたときなど。

5 悲しい

『チゴイネルワイゼン』より　作曲／サラサーテ

※参考図書／『名作劇あそび』(ひかりのくに・刊／劇あそびアイデア開発研究会・編)

つらいできごとがあった、物が壊れた、いやなことがあったとき。

6 ショック

『トッカータとフーガ』より　作曲／J.S. バッハ

※参考図書／『名作劇あそび』(ひかりのくに・刊／劇あそびアイデア開発研究会・編)

何かを断られた、いやなことがあった、予想と違うことが起こったとき。

7 困ったな

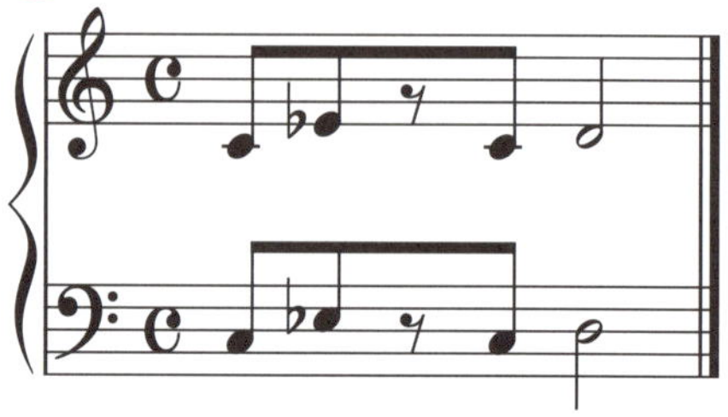

悩んでいる、落ち込む、どうしたらよいか考えるときなど。

8 不思議

魔法をかけられた、よくわからない状況になったときなど。

9 ひらめいた

作曲／寺田雅典

いいことを思いついた、何かを思い出したときなど。

10 飛ばされた

風が吹いて飛ばされた、
何かが飛んでいったときなど。

11 落ちた

穴に落ちた、物が落ちた、
空から何かが落ちてきたときなど。

12 転がる

※参考図書／『名作劇あそび』（ひかりのくに・刊／劇あそびアイデア開発研究会・編）

坂から転がる、物が転がる、クルクルと回転をするときなど。

13 うんとこしょ

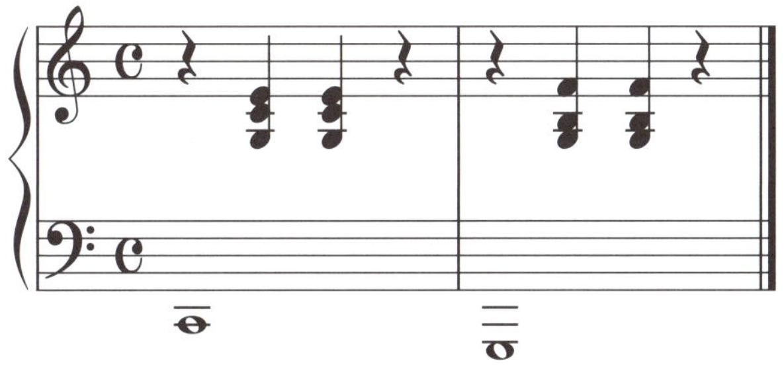

重い物を運ぶ、大きな物を持ち上げる、引き抜くときなど。

14 風の音

『夢』より　作曲／C. ドビュッシー

優しい風を表現、夢を見ている、寝ているときなど。

15 波の音

作曲／寺田雅典

ミを♭にすると暗い海になります。オクターブを上にすればさざなみに。

16 トントントントン

ドアをたたく、何かを切る、
かなづちで釘を打つときなど。

17 食べる

物を食べる、料理を作る、混ぜる、こねる、丸めるときなど。

知っておくと便利な弾き方

- ★半音ずつ上がる（ドド♯レレ♯ミファファ♯ソ）、下がるは、伸びたり縮んだり、回転などを表現できます。
- ★ショックや怒りを表現するときは、低音を両手で力強くたたくとOK！
- ★グリッサンド（手を階段状に滑らせて弾く）は、落ちるときや飛んでいくときなど、いろいろな場面に使えます。
- ★トリル（2音を交互に速く弾く）は、魔法の呪文、回転、場面転換に。
- ★アルペジオ（ドミソド）を入れると、場面の切り替えや、合図など、いろいろ考えられます。

五十音順さくいん

あ

アイ・アイ 80
アイスクリーム 67
アイスクリームの唄 68
赤鬼と青鬼のタンゴ 98
赤とんぼ 83
赤鼻のトナカイ 116
あくしゅでこんにちは 15
朝のうた 12
雨のワルツ 46
あめふりくまのこ 45
ありがとう・さようなら 177
ありがとうの花 172
アルゴリズム体操 236
アルプス一万尺 214
あわてん坊のサンタクロース 113

い

一年生になったら 176
いっぽにほさんぽ 38
犬のおまわりさん 198

う

うさぎ 95
うたえバンバン 224
宇宙船のうた 146
うみ 62
うれしいひなまつり 135
うんどうかい 108

え

笑顔がかさなれば 157

お

おうま 194
大きな栗の木の下で 205
大きな古時計 50
おかえりのうた 22
おかたづけ 17
お正月 120
おつかいありさん 33
おててをあらいましょう 18
おにのパンツ 130
オバケなんてないさ 77
おはながわらった 28
おはなしゆびさん 193
おはようのうた 13
おべんとう 19
思い出のアルバム 180

か

かえるの合唱 42
かたつむり 44
かもめの水兵さん 63
かわいいかくれんぼ 192
かわずの夜まわり 43

き

北風小僧の寒太郎 111
切手のないおくりもの 178
きのこ 88
キャンプだホイ 59
きらきら星 58

く

くいしんぼゴリラのうた 104
クラリネットこわしちゃった 222

け

ケンカのあとは 152
げんこつやまのたぬきさん 200

こ

こいのぼり 37
こぎつね 96
こころのねっこ 164
ことりのうた 34
コブタヌキツネコ 201
こんこんクシャンのうた 129

さ

さよならぼくたちのほいくえん 182
サンタは今ごろ 118
さんぽ 40

し

幸せなら手をたたこう 203
しゃぼんだま 54
しりとりうた 74
ジングルベル 114

す

すいかの名産地 81
すうじの歌 209

せ

世界中のこどもたちが 150
せみのうた 64
せんせいとお友だち 14

そ

ぞうさん 196
そうだったらいいのにな 219

た

たきび 110
たこの歌 121
たなばたさま 57
たのしいね 235
誰かが星をみていた 60
だんごむしたいそう 30

ち

小さな世界 246
地球はみんなのものなんだ 167
ちっちゃないちご 36

チューリップ 27
ちょうちょう 29

つ

つき 94
つぼみ 136

て

手のひらを太陽に 228

と

ドキドキドン！ 一年生 174
とけいのうた 49
となりのトトロ 242
トマト 76
友だちはいいもんだ 170
ドロップスのうた 226
どんぐりころころ 90
とんでったバナナ 72
どんな色がすき 216
とんぼのめがね 82

に

にじ 162
にじのむこうに 154
にんげんっていいな 232

ね

ねずみのはみがき 52

は

拍手をプレゼント 140
はしるの大すき 109
バスごっこ 101
はたらくくるま 212
ばった 66
ハッピー・バースデー・トゥ・ユー 144
ハッピー・フレンズ 142
早く三時がこないかな 20
はるがきた 26
春がきたんだ 137
はるですね はるですよ 24
はをみがきましょう 21
パンダうさぎコアラ 197

ひ

ピクニック 102
百才のうた 107
BELIEVE 188

ふ

プールのなかで 56
ふしぎなポケット 218
ぶんぶんぶん 32

へ

ペンギンちゃん 126

ほ

ポカポカおひさまありがとう 160
ぼくのミックスジュース 70
ほたるこい 65
ホ！ホ！ホ！ 220

ま

まっかな秋 92
まつぼっくり 87
まほうのおまじない 230
豆まき 134

み

みずでっぽう 55
南の島のハメハメハ大王 78
みんななかよし 16

む

むしのおんがくかい 84
虫のこえ 86
むすんでひらいて 202

め

めだかの学校 35
メリーさんのひつじ 206

も

もちつき 122
紅葉 91
もりのくまさん 208

や

やきいもグーチーパー 106
やぎさんゆうびん 207
山の音楽家 97

ゆ

勇気100% 238
ゆかいな牧場 210
雪 123
ゆきダルマのチャチャチャ 127
雪のこぼうず 124
ゆきのペンキやさん 125
ゆげの朝 128
ゆりかごのうた 195

よ

よろこびのうた 184

ろ

ロンドン橋落ちる 204

わ

わらいごえっていいな 148

ジャンル別さくいん

園生活のうた

朝のうた 12
おはようのうた 13
せんせいとお友だち 14
あくしゅでこんにちは 15
みんななかよし 16
おかたづけ 17
おててをあらいましょう 18
おべんとう 19
早く三時がこないかな 20
はをみがきましょう 21
おかえりのうた 22

季節のうた

春
はるですね はるですよ 24
はるがきた 26
チューリップ 27
おはながわらった 28
雨のワルツ 46
つぼみ 136
春がきたんだ 137

夏
みずでっぽう 55
プールのなかで 56
キャンプだホイ 59
うみ 62
しりとりうた 74
すいかの名産地 81

秋
まつぼっくり 87
どんぐりころころ 90
紅葉 91
まっかな秋 92
赤鬼と青鬼のタンゴ 98

冬
たきび 110
北風小僧の寒太郎 111
雪 123
雪のこぼうず 124
ゆきのペンキやさん 125
ゆきダルマのチャチャチャ 127
ゆげのあさ 128

行事のうた

誕生会
拍手をプレゼント 140
ハッピー・フレンズ 142
ハッピー・バースデー・トゥ・ユー 144

こどもの日
こいのぼり 37

遠足
バスごっこ 101
ピクニック 102

虫歯予防デー
はをみがきましょう 21
ねずみのはみがき 52

行事のうた

時の記念日
とけいのうた 49
大きな古時計 50

七夕
たなばたさま 57
きらきら星 58

月見
つき 94
うさぎ 95

いもほり
やきいもグーチーパー 106

敬老の日
百才のうた 107

運動会
うんどうかい 108
はしるの大すき 109

発表会
宇宙船のうた 146
わらいごえっていいな 148
世界中のこどもたちが 150
ケンカのあとは 152
にじのむこうに 154
笑顔がかさなれば 157
ポカポカおひさまありがとう 160
にじ 162
こころのねっこ 164
地球はみんなのものなんだ 167
友だちはいいもんだ 170
ありがとうの花 172

クリスマス
あわてん坊のサンタクロース 113
ジングルベル 114
赤鼻のトナカイ 116
サンタは今ごろ 118

お正月
お正月 120
たこの歌 121
もちつき 122

節分
おにのパンツ 130
豆まき 134

ひな祭り
うれしいひなまつり 135

卒園式
にじ 162
こころのねっこ 164
地球はみんなのものなんだ 167
友だちはいいもんだ 170
ありがとうの花 172
ドキドキドン！ 一年生 174
一年生になったら 176
ありがとう・さようなら 177

行事のうた

卒園式
切手のないおくりもの 178
思い出のアルバム 180
さよならぼくたちのほいくえん 182
よろこびのうた 184
BELIEVE 188

動物のうた

ことりのうた 34
めだかの学校 35
かえるの合唱 42
かわずの夜まわり 43
かたつむり 44
あめふりくまのこ 45
ねずみのはみがき 52
かもめの水兵さん 63
アイ・アイ 80
うさぎ 95
こぎつね 96
山の音楽家 97
くいしんぼゴリラのうた 104
ペンギンちゃん 126
こんこんクシャンのうた 129
かわいいかくれんぼ 192
おうま 194
ぞうさん 196
パンダうさぎコアラ 197
犬のおまわりさん 198
げんこつやまのたぬきさん 200
コブタヌキツネコ 201
メリーさんのひつじ 206
やぎさんゆうびん 207
もりのくまさん 208
ゆかいな牧場 210

虫のうた

ちょうちょう 29
だんごむしたいそう 30
ぶんぶんぶん 32
おつかいありさん 33
せみのうた 64
ほたるこい 65
ばった 66
とんぼのめがね 82
赤とんぼ 83
むしのおんがくかい 84
虫のこえ 86

食べ物のうた

ちっちゃないちご 36
アイスクリーム 67
アイスクリームの唄 68
ぼくのミックスジュース 70
トマト 76
きのこ 88
ドロップスのうた 226

いつでものうた

いっぽにほさんぽ 38
さんぽ 40
しゃぼんだま 54
誰かが星をみていた 60
とんでったバナナ 72
オバケなんてないさ 77
南の島のハメハメハ大王 78
おはなしゆびさん 193
ゆりかごのうた 195
むすんでひらいて 202
幸せなら手をたたこう 203
ロンドン橋落ちる 204
大きな栗の木の下で 205
すうじの歌 209
はたらくくるま 212
アルプス一万尺 214
どんな色がすき 216
ふしぎなポケット 218
そうだったらいいのにな 219
ホ！ホ！ホ！ 220
クラリネットこわしちゃった 222
うたえバンバン 224
手のひらを太陽に 228
まほうのおまじない 230
にんげんっていいな 232
たのしいね 235
アルゴリズム体操 236
勇気100% 238
となりのトトロ 242
小さな世界 246

遊びのうた

おはようのうた 13
はるですね はるですよ 24
だんごむしたいそう 30
ゆきダルマのチャチャチャ 127
おにのパンツ 130
おはなしゆびさん 193
パンダうさぎコアラ 197
げんこつやまのたぬきさん 200
コブタヌキツネコ 201
大きな栗の木の下で 205
アルプス一万尺 214
アルゴリズム体操 236